Para sempre uma aprendiz

anos 15
Editora Gaia

Maria Glácia Francener Deschamps

Para sempre uma aprendiz

São Paulo
2004

EDITORA Gaia

© Maria Glácia Francener Deschamps, 2003
1ª edição, do autor, 2001
2ª edição, Global Editora, 2004

Diretor Editorial Jefferson L. Alves	*Capa* Eduardo Okuno
Diretor de Marketing Richard A. Alves	*Foto de Capa* Mauricio Simonetti
Assistente Editorial Ana Cristina Teixeira	*Revisão* Rinaldo Milesi
Gerente de Produção Flávio Samuel	Solange Martins
Consultoria Editorial Bel César	*Editoração Eletrônica* Lúcia Helena S. Lima

Dados Internacionais de Catalogação na Publicação (CIP)
(Câmara Brasileira do Livro, SP, Brasil)

Deschamps, Maria Glácia Francener
  Para sempre uma aprendiz / Maria Glácia Francener Deschamp. – 2. ed. – São Paulo : Gaia, 2004.

  ISBN 85-7555-026-8

  1. Auto-estima 2. Câncer – Doentes – Biografia 3. Câncer – Tratamento 4. Deschamps, Maria Glácia Francener I. Título.

04-2289   CDD-616.9940092

Índices para catálogo sistemático:
1. Câncer : Doentes : Biografia   616.9940092

Direitos Reservados
EDITORA GAIA LTDA.
(uma divisão da Global Editora e Distribuidora Ltda.)
Rua Pirapitingüi, 111-A – Liberdade
CEP 01508-020 – São Paulo – SP
Tel.: 11 3277-7999 – Fax: 11 3277-8141
e-mail: gaia@editoragaia.com.br
www.globaleditora.com.br

Colabore com a produção científica e cultural.
Proibida a reprodução total ou parcial desta obra sem a autorização do editor.

Nº DE CATÁLOGO: **2501**

À minha mãe, Leonida (in memorian), pelo legado de amor e de fé, que me ensinou o valor da simplicidade, da humildade, o poder da palavra e a sabedoria do silêncio, o valor da lealdade, da coragem, da bondade e o dom precioso da amizade, o que me permite ser "para sempre uma aprendiz."

*"A felicidade não está em viver,
Mas em saber viver.
Não vive mais o que mais vive,
Porque a vida não mede o tempo,
Mas o emprego que dela fazemos."*

Agradecimentos

A Deus, que me deu a vida e tudo de que preciso para viver.

Ao meu pai, Olegário, que me ensinou o valor do trabalho, do progresso, da persistência e da tenacidade.

Ao meu marido, Jânio, pelo amor e cumplicidade, pelo apoio e compreensão e, sobretudo, por perceber de quanta paciência, afeto e generosidade eu precisava.

Aos meus filhos, Milena, Emanuel e Vinícius, milagres da minha vida, por toda a alegria e infinitas bênçãos, pelo amor com que me presenteiam todos os dias. Vocês são a minha vida e a razão da minha existência, fazendo com que valha a pena viver, mesmo até o dia mais difícil.

À minha irmã Dulce Maria, pelo amor, incentivo e apoio e por acreditar neste livro quando ele ainda era só um sonho.

À Dra. Maria Dolores Biz Canella – a quem devo a minha vida, pela amizade, carinho e extraordinária dedicação, por sua irrepreensível atuação e seu elevado espírito cristão –, que, compartilhando comigo a fé na cura, expressou o amor de Deus em momento tão difícil, todo o meu amor e eterna gratidão.

À psicoterapeuta Angela Schillings, sem a qual este livro não teria sido possível: por seu sólido suporte terapêutico, e, principalmente, pelo carinho e compreensão, pelo apoio e incentivo, pelas incansáveis leituras do manuscrito e preciosas observações, todo o meu amor e eterna gratidão.

A Clarmi Regis, a pessoa mais doce e especial que conheço, de quem sempre fui "uma aprendiz", pela paciência, carinho e minuciosa revisão, o que deu forma precisa ao texto, todo o meu amor e eterna gratidão.

Sumário

Prefácio 13
A vida é um desafio 15
A revelação 19
O susto 23
A confirmação 29
A grande lição 33
A longa espera do resultado 37
Nova Trento: o santuário de madre Paulina 43
A consulta com o cirurgião 51
O dia seguinte 61
A derradeira dor 67
A chuva de rosas 71
Os presentes da insônia 75
A internação 79
A cirurgia 85
O esperado de um jeito inesperado 93
Para sempre uma aprendiz 99

Mudar é preciso 105
O preconceito 109
E a vida continua... 113
O bálsamo da fé 123
A doutora sabe-tudo 127
O doutor trapalhão 133
O caminho do coração 139
Reencontrei a esperança 141
"O paciente é um indivíduo e não uma doença" 145
A dor é real 149
O apoio emocional 153
Obrigada, Dolores! 159
Obrigada, Angela! 163
Obrigada, Dulce! 167
Dados sobre a autora 173

Prefácio

Sou psicoterapeuta há muitos anos e para mim esta é uma profissão indiscutivelmente rica e bela.

Adentrar no universo singular de cada pessoa que me procura e se coloca diante de mim é uma experiência indescritível, tanto pela dor e sofrimento, como pela beleza e alegria.

Conhecer um pouco mais profundamente a vida de cada um desses seres humanos é um privilégio que vivencio com muito respeito e deferência.

Acredito que seja esta a gratificação por este trabalho: andar *pari passu* ao lado de pessoas que demonstram ser pessoas de fé – fé na possibilidade de se tornarem pessoas melhores e mais saudáveis para si e, em conseqüência, nos contatos verdadeiros que estabelecem a partir daí pela vida afora.

Neste caminho conheci Glácia, que, além de me dar o privilégio de me escolher para acompanhá-la no seu processo terapêutico, presenteou-me com o pedido da leitura e discussão do manuscrito deste livro e a composição do prefácio.

Acompanhei Glácia em muitos momentos de sua vida e também quando teve um câncer. E a esta mulher quero parabenizar pela coragem que teve de se expor, tão forte e tão frágil, contando de sua dor tão real, visível e quase palpável.

A forma firme e amorosa com que escreveu este livro, dando este denso testemunho, mostra-nos como é aprender a conviver e guerrear com o medo da morte e, ao mesmo tempo, buscar estar em paz com a vida.

Glácia é assim – intensa e comprometida com tudo a que se propõe: lutar contra o câncer, escrever um livro...

É verdade, somos sempre aprendizes, nesta vida que nos ensina o ofício de viver. E Glácia nos mostra como faz isto com o melhor de si: seu amor e sua humanidade.

Angela Schillings
maio de 2001

A vida é um desafio

Um dia, maravilhada, percebi que a beleza da vida está exatamente na sua renovação: depois da chuva, o sol; depois da lágrima, o sorriso; depois da dor, o alívio; depois da tempestade, a calmaria; depois de um câncer, a maravilhosa sensação de "começar de novo", caminhando resoluta ao encontro da vida; depois da cirurgia, sentar à mesa e partilhar uma refeição ou uma xícara de café.

Um dia, alegramo-nos com a vida que nasce, com o canto dos pássaros, com o sorriso estampado no rosto de um amigo querido, com a cumplicidade da pessoa amada...

Noutro dia, choramos a dor de uma perda, a saudade de uma ausência prolongada, a sensação de estar só, uma notícia ruim, um diagnóstico médico que vira a vida pelo avesso.

Porém "equilibrar alegrias e sofrimentos é uma arte, na difícil arte de existir".

Uma coisa é certa: "a vida é sempre medalha de verso e reverso, jornada de luzes e sombras, triunfos e derrotas, tristeza e alegrias".

É sabedoria elementar aceitar esse fato.

Estou feliz em poder falar com você, dividindo minha experiência a partir do diagnóstico de um carcinoma papilar (pequeno tumor localizado na tireóide) e, principalmente, fazendo uma releitura de uma situação que, em primeira análise, parece terrivelmente adversa e desesperadora.

Mas, na verdade, ao câncer sobrevieram as lições de vida, o aprendizado, juntamente com a dor e o enfrentamento do diagnóstico.

Esse é um diagnóstico para o qual nunca se está preparado. O teto "desabou" na minha cabeça; o chão "fugiu" de sob meus pés.

Foi sem dúvida o momento mais difícil pelo qual já passei.

O sofrimento é grande demais, doído demais. Tão grande, tão forte, que me sentia pequenina, diminuída, diante de tanta "dor".

Mas assim como o câncer não acontece apenas com o vizinho, os milagres também não acontecem só com os outros.

Por isso, também, quero dividir com você essa minha experiência, porque toda ela foi permeada de momentos espirituais profundamente marcantes a partir dos quais você poderá se beneficiar também.

Talvez você ainda não tenha tido esse tipo de experiência física ou espiritual. Mas muitas pessoas já tiveram e seus relatos impressionantes são fonte de inspiração para muitos, que a partir dele recuperaram a esperança.

Desde o primeiro alerta, quando as suspeitas foram levantadas, apesar do medo, da ansiedade, da incerteza e de tantos outros sentimentos que se misturam e se atropelam numa situação como essa, decidi que as minhas atitudes, ações e reações seriam fonte de inspiração para outras pessoas.

Ao saber que tinha um câncer, o primeiro pensamento foi o de que esse momento difícil vinha carregado de ensinamentos e de que eu precisava aprender toda a lição. Mas, sobretudo, eu queria ajudar as pessoas que amava e que me amavam a também encarar com força e fé esse meu momento.

E, com esse propósito, encontrei forças para enfrentar todo o sofrimento que, com certeza, não teria sido capaz de absorver se apenas estivesse pensando em mim mesma.

Pude aprender que um diagnóstico desses tem grande impacto sobre as pessoas que nos cercam. Cada uma reage de uma forma. Umas acham que, banalizando, diminuem a gravidade; outras dizem: você é forte, vai superar; outras, ainda, para se protegerem da dor do enfrentamento, ignoram e pensam que negando estão ajudando.

Algumas precisavam mais receber ajuda para lidar com a situação do que propriamente oferecer ajuda. Precisei ajudar muitas delas a lidar com a situação. Para algumas não contei que era câncer, para outras falava com muito otimismo, sempre com tranqüilidade.

Com alguns poucos, eu chorei e deixei transparecer a dor, a angústia, o medo.

Senti muito medo.

Mas o maior encontro foi comigo mesma. Passei muitas noites insones, muitas horas na capela da maternidade Carmela Dutra (como fica numa maternidade, fica aberta dia e noite). Era lá que eu me refugiava, que me "escondia", me fortalecia, recuperava as forças para continuar.

Mas, enfim, o carinho do meu marido, dos meus filhos, do meu pai, da minha irmã Dulce, o especial carinho e extraordinária dedicação da Dra. Maria Dolores Canella, da minha psicoterapeuta Angela Schillings e da minha querida mestra e amiga Clarmi Régis, bem como o apoio dos amigos, a solidariedade dos meus alunos do terceirão 98 e de todos aqueles que me incluíram em suas orações, mas, sobretudo, o amor, a misericórdia, a generosidade do meu Deus e todo poderoso, tornaram possível esse relato com final feliz.

É por todos, e por cada um, que eu escrevo, porque acredito que tenho para com Deus essa dívida: propagar, dividir, registrar a minha experiência.

Penso que, muitas vezes, quando a "vidraça" da nossa vida é quebrada em mil pedaços, preocupamo-nos com os cacos de vidro, com o "estrago". Poucas vezes nos damos ao trabalho de procurar, identificar, avaliar, compreender o que provocou a quebra da "vidraça".

Na maior parte das vezes, o que provocou a quebra é mais valioso do que a vidraça em si.

No meu caso, foi uma pedra preciosa, de valor inestimável. O câncer quebrou minha "vidraça" e os cacos de vidro ficaram insignificantes perto do aprendizado, dos ganhos que tive a partir dele.

A revelação

Não consigo explicar por que ou como algumas pessoas têm experiências espirituais profundas. Acontece por alguma razão. Aconteceu comigo. Pode já ter acontecido com você, ou não.

Em novembro de 1998, eu tive uma dessas experiências que mudaram a minha vida. Não ouvi vozes, não tive uma visão, mas, de maneira surpreendente, uma frase começou a surgir em minha mente: PROCURA A DRA. MÁRCIA.

Essa mensagem passou a ser repetida muitas e muitas vezes durante uns dez dias.

A mensagem passou a ser tão intensa e freqüente que eu acordava no meio da noite, com essa frase assaltando minha mente.

Confesso que, naquela oportunidade, não compreendi o que isso queria significar.

Pelo contrário, tentava racionalizar, buscando argumentos que desacreditassem aquele pensamento recorrente.

Não tinha lógica, há oito anos eu não era mais paciente da Dra. Márcia.

Independentemente de todos os argumentos, aquela frase assaltava mais e mais a minha mente, com tal freqüência que me parecia não haver mais intervalos.

Além do que, a eloqüência da frase já me parecia uma ordem.

Ainda sem compreender, mas vencida pela situação, marquei uma consulta com a Dra. Márcia.

E, como num passe de mágica, aquele pensamento recorrente desapareceu. É claro que, naquele momento, não me dei conta disso. Faltavam quinze dias para a consulta, e eu me esqueci completamente do assunto.

No dia da consulta, porém, mais uma coisa chamou minha atenção: acordei feliz. Mas eu estava muito feliz porque ia encontrar com a Dra. Márcia.

Hoje eu sei, ao relembrar esse detalhe, que, naquele momento, eu estava feliz porque estava indo, na verdade, ao encontro da minha cura.

Passada a surpresa de me ver após oito anos, Dra. Márcia me perguntou sobre o motivo da consulta e, como não havia nenhuma queixa específica, pediu que eu fizesse uma rápida retrospectiva dos últimos anos.

E então fez a pergunta que mudaria minha vida: – Tens acompanhado tua tireóide? Quando foi o último exame?

E, como fazia muito tempo desde o último exame, ela decidiu pela solicitação.

Interessante registrar que, quando eu era sua paciente regular, Dra. Márcia sempre teve um cuidado especial com o funcionamento da minha tireóide.

Penso que, exatamente por isso, aquela mensagem espiritual ordenava que a procurasse, pois, na verdade, outro médico não investigaria tão facilmente a tireóide.

Pois, para nossa surpresa, realmente o exame mostrou que havia algo muito estranho na glândula, que precisaria ser investigado.

Foi o primeiro susto.

Na verdade, a revelação. Meu anjo estava vigilante e usou a Dra. Márcia para me dizer que algo estava errado.

Graças a Deus, eu estava disponível. Embora desatenta, não deixei que as preocupações do dia-a-dia encobrissem o milagre da vida e pude ouvir o que meu anjo tinha para me dizer.

O susto

Eu sempre tive uma preocupação muito grande com minha saúde. Mais do que isso. Na verdade, eu sempre tive medo de doença, de qualquer uma, de todas.

Eu sempre afirmava que a gente devia ir ao médico com freqüência, exatamente para que a atuação fosse preventiva.

E, pela primeira vez, recebia um alerta de que algo estava errado e precisava ser investigado.

Confesso que saí do consultório preocupada. Entrei no carro, mas não consegui ir muito longe. Percebi que não me sentia bem, estacionei e chorei.

Por muito tempo, fiquei ali chorando, sob o sol forte do meio-dia.

O interessante é que não passava por minha mente nada relacionado a uma doença grave, à possibilidade de morrer.

Não, eu não pensava sobre isso.

O único pensamento que me vinha à mente era: o que eu fiz com a minha vida? Pensava no tempo que eu tinha "roubado" dos meus filhos, deixando de estar com eles para trabalhar. Naquele momento foi inevitável trabalhar com as "culpas".

Culpa por coisas ditas e feitas, por coisas não ditas e não feitas, deixadas por fazer.

Uma sensação de perda... tantos momentos se perdem por falta de tempo.

Tantas coisas deixam de ser ditas.

Tantas emoções acabam sufocadas num pranto de dor ou de saudade.

Tantos gestos de carinho são abortados pela impossibilidade de partilhar.

Minha vida passou, e, diante de mim, desfilaram imagens de um passado remoto e do passado recente.

Foi um momento difícil. Um enfrentamento dos mais dolorosos, o encontro comigo mesma, com minha consciência.

Esse é um daqueles momentos em que, ao mesmo tempo, se é juiz e réu.

E, freqüentemente, somos juízes implacáveis de nós mesmos.

Chorei, chorei muito, chorei por mim e pelos meus.

Como se instintivamente soubesse que uma grande dor estava por vir, como se houvesse sido desencadeada uma cascata de acontecimentos dolorosos, sobre os quais eu não tinha o menor controle ou a menor possibilidade de fugir.

Confesso que não tenho noção do tempo que ali fiquei.

De repente me senti muito cansada.

Não queria voltar para casa.

O que eu iria dizer ao meu marido, aos meus filhos? Como iria explicar os olhos inchados de chorar?

Naquele momento eu não tinha resposta. Afinal, existia somente um alerta, mas nada de concreto, de conclusivo.

Apesar disso, sentia-me muito triste. Meu coração estava apertado, uma dor tão grande que chegava a ser física.

Então, sem saber muito bem o que fazer, fui para a casa da Clarmi, precisava falar com ela, organizar meus pensamentos, dividir a ansiedade, o medo.

Analisamos os fatos de forma racional e objetiva.

Clarmi lembrou-me que, na verdade, não existia um diagnóstico conclusivo, só uma suspeita, que existiam ainda inúmeros recursos disponíveis, e principalmente que nem sabíamos o que havia de errado, mas somente uma suspeita de que "algo estava errado".

Concordei com ela, dizendo que a análise tinha lógica, mas isso não aliviou meu coração, que continuava angustiado.

Hoje eu sei por quê. Eu sabia que era grave. Eu só não sabia que sabia.

Mas foi muito bom conversar com a Clarmi, pelo menos tinha dividido com ela o fardo.

Aliás, conversar com a Clarmi tem sido decisivo para mim nos últimos vinte e cinco anos.

É uma troca linda. Troca de amor, de carinho, de lealdade, de generosidade.

Sempre foi tão bom "pensar alto".

E, como dizia Mary Ann Evans: "Ah, o consolo inexprimível de se sentir seguro com uma pessoa: não tendo nem de pesar os pensamentos nem medir as palavras, mas só deixá-las brotar livremente. Exatamente como elas são – joio e trigo juntos, sabendo que uma mão leal os recolherá e os selecionará, guardando o que vale a pena guardar, e, em seguida, com o alento da bondade, soprando o resto para o ar".

Com ela aprendi que vale a pena ousar, arriscar, riscar o medo de ser feliz.

Aprendi que a vida recomeça a cada dia, aprendi a renascer das cinzas, a evitar o desgaste da rotina do sempre igual que joga no ócio vidas e mentes brilhantes.

Mas, sobretudo, aprendi com a Clarmi a buscar a força transformadora dentro de mim, a investir naquilo em que acreditava. Ela dividia comigo a certeza de que eu chegaria às minhas definições se lutasse, o que me levaria a encontrar minha verdade, quando, finalmente, conheceria minha essência e teria nas mãos a minha unidade.

Aprendi muitas outras coisas com ela. Tantas, que, praticamente, sou delas hoje o resultado pleno.

Clarmi é aquela amiga querida com quem se pode contar às quatro horas da manhã.

Clarmi é minha mestra, minha professora querida, que, muito mais do que ensinar pela palavra, ensina pelo exemplo.

Conheci a Clarmi em 1975. Foi minha professora de português no Curso de Magistério.

Lembro-me, com rara precisão, do dia em que a vi entrando na sala de aula naquele final de verão.

Eu tinha dezesseis anos e me apaixonei por ela.

Apaixonei-me por sua força e coragem, por seu carinho, por seus gestos calmos e por sua voz tão doce.

Clarmi é grandeza e fragilidade, doçura e força, humana, sim, mas uma deusa, pela força transformadora de suas palavras, que tocaram tantas vidas, pela coragem de lutar por aquilo em que acredita, por sua coerência e por sua paixão por seus alunos.

O curso de magistério terminou, também me tornei professora, mas não quis abdicar da condição de ser sua aluna, porque eu sabia que havia muito ainda para aprender.

Eu queria ficar.

E ela me deixou ficar.

Não havia mais um curso, uma disciplina específica.

Mas existia vida.

E eu queria aprender.

As lições eram tiradas das vivências do dia-a-dia. As aulas, quase sempre pelo telefone, no fim do dia, eram quase que diárias.

Não havia mais provas, nem notas, mas aluna e mestra faziam exames orais e a promoção vinha pelo crescimento pessoal que íamos conquistando.

Minha professora me conduziu segura pela vida e, pelo seu imenso poder curador, me possibilitou a autonomia de ser; por sua sabedoria e autenticidade, pureza e transparência, ajudou-me a definir os meus próprios valores.

Tinha sempre uma palavra sábia nos momentos de incerteza e uma palavra de amor em cada instante da vida; como uma estrela, guiou-me pelo caminho; como uma luz, iluminou minha trajetória; a cada lição, corrigiu com muito amor, sem lançar espinhos.

E eu caminhei ao seu chamado ou entusiasmada pelo seu exemplo.

Clarmi continua sendo minha professora e eu sou sua aluna há 25 anos.

Com paciência, afeto e sabedoria ela me ajudou a descobrir as dimensões mais profundas e a viver em plenitude cada momento que a vida me proporcionou.

A confirmação

Existia uma dúvida séria, a suspeita de que havia algo errado com a minha tireóide.

Foi, então, solicitado outro exame, uma ultra-sonografia, com a finalidade de investigar e apurar com precisão, confirmando, ou não, as suspeitas iniciais.

E, naquela manhã, logo cedo, quando cheguei à clínica, pude vivenciar uma experiência espiritual profunda, daquelas que não se sabe como ou por que acontecem.

Fui levada à sala onde seria realizado o exame e, enquanto aguardava o médico, aconteceu aquele momento espiritual profundo. Não tive visão e não ouvi vozes. Mas, de uma forma surpreendente, dentro daquela sala, o tempo parou.

E, da mesma forma como já tinha acontecido antes, palavras começaram a surgir na minha mente. A mensagem era forte e clara.

MINHA FILHA, CHEGOU A HORA DO TEU GRANDE ENFRENTAMENTO.
NÃO ESPERES O MÉDICO DIZER QUE NÃO É NADA, PORQUE É.
MAS TU ÉS FORTE E VAIS CONSEGUIR SUPERAR.

De imediato o tempo voltou a existir.

E eu sabia que aquela mensagem era verdadeira, como jamais tinha sabido antes.

Não podia explicar. Não conseguia entender. Nem precisava. Era simplesmente verdadeiro.

Eu sabia, desde aquele primeiro dia, que havia algo errado.

Meu coração sentia.

Hoje eu sei que não me foi dada a conhecer toda a situação, mas tudo me foi chegando como que em suaves prestações.

A cada dia, eu pude ter contato com a dor de formas diferentes.

Tenho certeza de que estava sendo preparada.

Quando o médico entrou na sala, de imediato iniciou o exame e, em seguida, confirmou as suspeitas do primeiro exame, com a diferença de que ele deu nome ao que antes apenas era "algo errado".

– O que você tem é um tumor na tireóide, muito pequeno ainda, mas vou recomendar uma biópsia.

Eu já sabia. Era só isso que conseguia lembrar. Não consegui pronunciar uma única palavra.

As duas palavras que eu mais temia em toda a minha vida – tumor e biópsia – pronunciadas ao mesmo tempo.

Sequer consegui forças para chorar ou para protestar, para gritar, para dizer ao médico que ele estava enganado.

Saí dali zonza. Isso não podia estar acontecendo comigo.

Quando cheguei na rua, olhei para um lado e para o outro. Não queria dar nenhum passo.

Ficando ali parada, era como se eu não precisasse fazer contato com aquela dor. Eu não queria, não podia.

Aquelas palavras não saíam da minha cabeça. Como

um disco defeituoso aquela frase se repetia: "Você tem um tumor e vou recomendar uma biópsia".

Meu Deus, e agora?

Comecei a andar, onde deixei meu carro?

Qual o próximo passo? O que vou fazer com essas informações?

Não queria pensar. Pensar doía muito.

O que fazer? Para onde ir?

Meus pensamentos eram um emaranhado ilógico, tumultuado, incoerente.

Muito tempo se passou até que eu liguei para Dra. Dolores, que, além de minha médica, é minha amiga.

Dra. Dolores pediu-me que fosse ao seu consultório. Conversamos longamente.

Eu estava realmente muito triste, muito abalada.

A Dra. Dolores já tinha todas as informações, pois já havia conversado com o médico que realizara a ultrassonografia.

Falou-me, inclusive, que havia conversado com o médico antes mesmo do exame, recomendando-me como paciente e como amiga e solicitando que lhe fosse passado o diagnóstico imediatamente após a realização do exame.

Por telefone, o médico confirmou-lhe que havia um tumor, e que sua recomendação era que fosse realizada uma biópsia.

Na verdade, tudo isso o próprio médico já havia me falado.

Mas ouvir isso da Dra. Dolores pareceu-me ainda mais doloroso. Tornava tudo ainda mais real, exigia que eu fizesse contato com a dor.

Chorei, chorei muito.

Dra. Dolores, de uma forma muito doce, procurou me confortar e, com muita paciência, tentou me tranqüilizar dizendo que a biópsia era necessária, pois é um exame mais apurado cujo objetivo era assegurar com mais precisão as características do tumor, que o exame era absolutamente seguro, indolor, que não havia motivo para eu ficar tão triste.

Disse também que estaria junto comigo durante a realização da coleta do material, que seria feita por dois médicos extremamente competentes, Dr. Ivo S. Garzel Júnior, especialista em diagnóstico por imagem e Dr. Horácio Chikota, patologista.

Explicou que a coleta do material seria feita por aspiração, com agulha teleguiada por ultra-som e que, no máximo em uma semana, saberíamos o resultado.

Saí do consultório bem mais tranqüila, mas igualmente triste.

Na verdade, o que me assustava naquela oportunidade era a realização do exame em si, mais precisamente o fato de necessitar fazer uma biópsia. Em momento algum, passou-me pela cabeça a mais remota possibilidade de um resultado que não fosse bom.

Analisando os fatos hoje, na verdade, percebo que eu começava a sofrer em etapas: primeiro, o alerta; depois, a confirmação do tumor; em seguida, a biópsia.

Os fatos que se seguirão, ainda mais irão confirmar essa tese.

De fato, eu sofri muito pelo todo que meu coração sentia. A verdade é que eu sabia, mas não tinha consciência de que sabia.

Não sofri por antecipação. Sofri com cada um dos acontecimentos, a seu tempo.

A grande lição

Chegou o dia da coleta do material para a biópsia.
Eu estava muito tensa, ansiosa. Logo que cheguei à clínica, fui encaminhada à ante-sala do exame e fiquei aguardando junto com outros pacientes.
Eu, que normalmente sou muito falante, que enfrento bem as situações, estava muda, na verdade, assustada.
Na minha frente, estava sentada uma mulher alta, bonita, que eu calculo estivesse na casa dos quarenta anos, e, muito tranqüila, queria iniciar uma conversa.
Perguntou-me que exame eu faria e, em seguida, acrescentou que ela também estava ali para realizar uma biópsia de tireóide, que tinha vários tumores que já comprometiam a sua voz e, por isso, estava de licença, pois era professora.
Falou também que era de Itajaí, que havia chegado a Florianópolis muito cedo, já que tinha vários exames a fazer.
Contou que passara a manhã toda sentada num banco de praça, esperando o tempo passar, pois sua biópsia estava marcada para as 15h30.
Perguntei-lhe se retornaria a sua cidade naquele dia, e ela respondeu-me que sim, que não tinha como ficar em

Florianópolis. O que me chamou a atenção, no seu relato, foi a resignação com que falava.

Na sua voz, não havia dor, nem queixa, nem medo.

Ainda se dizia feliz, pois, apesar de seu seguro-saúde não cobrir aqueles exames, ela podia pagá-los, já que, ao longo dos anos de magistério, havia guardado um dinheirinho para viajar quando se aposentasse.

Frisou ainda que milhares de trabalhadores da educação estavam em situação bem mais difícil. Em seguida fui encaminhada à sala de exames e me "esqueci" da professora.

Na sala, encontrei a Dra. Dolores, o que me deixou muitíssimo emocionada, primeiro, por contar, naquele momento, com o seu apoio, com o seu carinho (o que fez toda a diferença); segundo, por saber que, por ser uma profissional extremamente ocupada, com uma agenda sempre lotada, sua presença ali dava toda a dimensão da amizade fraterna que nos une.

Eu estava com muito medo, e ela sabia.

Cada um dos médicos ficou de um lado, realizando o exame no meu pescoço.

Lembro-me de sentir as mãos firmes da Dra. Dolores segurando os meus pés, querendo me dizer: eu estou aqui contigo, não tenhas medo, não estás sozinha.

O exame foi rápido, quase indolor. Quando saí da sala, Dra. Dolores ficou conversando com os dois médicos. Não encontrei mais a professora. Na saída, encontrei a Clarmi me esperando. E chorei como uma criança assustada que procura a segurança do colo da mãe.

Em seguida, veio a Dra. Dolores e as duas me levaram para casa. A Clarmi trouxe o meu carro e eu vim com a Dra. Dolores.

Quando estávamos no carro, perguntei-lhe o que o

patologista havia achado do material coletado, e ela respondeu que só o tempo e o desenvolvimento das lâminas iria definir o resultado, que não se podia fazer qualquer prognóstico. Disse também que acompanharia o caso e que, assim que houvesse um diagnóstico conclusivo, passaria o resultado.

Dra. Dolores me orientou a fazer repouso pelo resto do dia, aplicou gelo no local da agulhada e me deu um analgésico.

Clarmi cuidou para que os travesseiros estivessem confortáveis sob minha cabeça e segurou minha mão, pedindo que eu procurasse ficar tranqüila, pois tudo já tinha passado.

Ficaram comigo ainda algum tempo e foram embora.

Eu me senti muito sozinha e chorei, chorei baixinho, um pranto sofrido e triste.

Então pensei na professora.

Como estaria, onde estaria?

Não conseguia imaginar como ela tinha enfrentado tudo aquilo sozinha, sem uma amiga para "segurar no seu pé", sem um abraço de colo no final.

Fiquei pensando em como deveria estar cansada, tendo saído tão cedo e ficado tantas horas sentada num banco de praça, sem ninguém para conversar, para dividir a angústia, para compartilhar o medo. Ninguém para aplicar-lhe gelo, dar-lhe um analgésico, ajeitar o travesseiro...

E pensei nas semelhanças e contrastes de nossas vidas: ambas professoras, quase a mesma idade, tumor na tireóide, realizando uma biópsia.

Eu tinha uma amiga médica na sala de exame comigo e uma amiga me esperando para me dar um colo, estava no conforto da minha casa.

Ela sozinha, sem ninguém a esperá-la, provavelmente

num banco da rodoviária, ou num ônibus, tão longe de casa e daqueles que ama.

E chorei, não mais por mim, mas pela professora.

Não sei o seu nome, mas aquela professora, naquela tarde, com algumas palavras e poucos gestos, ensinou-me uma grande lição de vida.

A longa espera do resultado

Esther Hardine, aluna de Jung compara nossa vida com as quatro estações do ano.

A mim parecia estar vivendo o inverno da minha.

Foi uma semana longa e difícil.

Na antiga China, dizia-se que uma pessoa leva 20 anos para aprender, 20 anos para lutar e 20 anos para se tornar sábia.

Por essa lógica, eu estava completando os anos de luta e iniciando a caminhada da sabedoria, ou seja, do amadurecimento espiritual.

Como conseguir essa sabedoria, eis a questão. Sim, porque a sabedoria não nos é dada, não vem pronta. É preciso descobri-la por nossos próprios meios, através de um caminho longo, por vezes muito difícil, mas que precisamos trilhar.

A sabedoria só pode ser adquirida depois desse caminhar, que ninguém pode fazer por nós ou dele nos poupar.

Estava cansada das lutas e embates da vida travados até então, mas algo me dizia que uma batalha maior estava por vir.

A espera do resultado da biópsia pareceu-me uma eternidade.

Em quatro dias, vivi toda uma vida.

Foram dias de medo, angústia, desespero, muitas interrogações e uma inquietação tão grande que me roubava a paz e me tirava o sono.

E tudo isso se traduzia numa sensação de dor: minha alma doía.

Pelo protocolo da clínica, o laudo descritivo da biópsia estaria disponível na sexta-feira daquela semana.

Mas a Dra. Dolores havia me prometido acompanhar com o patologista o desenvolvimento das lâminas e, já na quinta-feira, se possível, passar-me o resultado.

As horas passavam tão devagar... os dias pareciam não terminar.

A minha impressão era de que o ano terminaria, e a quinta-feira não chegaria.

E não havia nada, absolutamente nada, que eu pudesse fazer, a não ser esperar. E que longa espera!

As noites eram ainda piores que os dias. Mais longas, mais tristes, mais solitárias.

Meus pensamentos voavam. Eu pensava em tudo e não pensava em nada.

Tinha uma sensação estranha, como se eu quisesse ser duas pessoas: uma ansiava pelo resultado, e a outra queria fugir, negar, ignorar.

Passei a noite de quarta para quinta-feira insone, conjecturando o que eu faria, para onde iria no dia seguinte.

O meu "eu" que queria fugir traçava planos de sair, e mentalmente fiz várias viagens para lugares onde eu poderia estar para "não receber o resultado", como se isso fosse a solução.

Em imaginação fui a Nova Trento, no santuário da Madre Paulina, fui à gruta de Angelina, a São Pedro para ficar junto com meu pai, no túmulo da minha mãe.

Penso que, realmente, de alguma forma eu estive em todos esses lugares durante aquela madrugada.

O dia amanhecia, mas eu continuava ali, sem conseguir me decidir para onde ir.

Travava ainda uma luta entre ficar e receber o resultado ou fugir.

Agora o relógio corria tão depressa e eu não sabia o que fazer, estava como que "pregada" no chão.

Fiz uma xícara de café e fiquei sentada na cozinha durante muito tempo.

De repente, o telefone tocou e aquele som me trouxe de volta de muito longe.

Fui atender totalmente desprevenida, sem nenhuma defesa, sem qualquer resistência, afinal era ainda muito cedo – eram aproximadamente 8h30 – para ser o meu resultado.

Mas era. Quando ouvi a voz da Dra. Dolores, quase desmaiei, mal conseguia responder. Até respirar se tornara difícil.

Fiquei em estado de choque e só conseguia me perguntar por quê eu não tinha saído, por que, por Deus, eu estava ali ouvindo o que Dra. Dolores tinha para me dizer, mesmo não querendo. Dra. Dolores me perguntou se eu estava preparada, pois as notícias não eram boas; disse que eu teria que fazer uma cirurgia.

Lembro que alterei o tom da voz e quase num grito perguntei: – por quê?

E ela, com muita calma, dizia-me que o resultado não tinha sido conclusivo, mas que a indicação era cirúrgica, que não se poderia deixar ali um tumor que no futuro viria a causar problemas.

Eu não conseguia compreender: afinal, se o resultado não era conclusivo, por que então eu tinha que me submeter a uma cirurgia? Ela tentava me tranqüilizar e pedia que eu ficasse calma, que ia dar tudo certo, que ela estaria sempre comigo.

Pediu-me que fosse ao seu consultório, para que conversássemos.

Disse-lhe que precisava desligar, pois estava com ânsia de vômito. Eu estava em pânico.

Chorei, chorei como no dia em que perdi minha mãe.

Aliás eu tinha mesmo uma sensação de morte, sem ninguém ter morrido.

Minha secretária batia na porta e perguntava o que tinha acontecido.

Em seguida me chamou, dizendo que minha irmã estava ao telefone e queria falar-me.

Pedi-lhe um minuto, para me recompor.

A Dulce queria saber se havia saído o resultado.

Disse-lhe que não, que quando saísse eu ligaria.

Eu ainda não estava pronta para falar sobre o assunto, com ninguém.

E antes que meu marido e meus filhos acordassem, finalmente eu consegui fugir, não mais do resultado, mas agora com o resultado.

Fui me "esconder" na capela da Maternidade Carmela Dutra. Quando cheguei, chorando, olhei para a imagem do Sagrado Coração de Jesus e disse: – Hoje eu não quero conversar contigo, estou muito triste.

Chorei muito, até ficar sem forças. Debrucei-me sobre o banco e dormi.

Acordei três horas depois.

Sentia-me outra pessoa, agora mais preparada para enfrentar aquela situação.

Voltei para casa, tomei um banho, almocei e não falei nada com ninguém sobre a cirurgia.

Às 14 horas fui ao consultório da Dra. Dolores. Estava ainda muito triste, porém muito mais equilibrada. Conversamos muito, e isso me deixou mais tranqüila. O que me assustou foi falar sobre qual cirurgião eu queira procurar.

Achei que essa era uma decisão para o futuro, mas qual não foi meu susto quando Dra. Dolores me disse que eu deveria procurá-lo imediatamente e que, se possível, eu iria operar ainda antes do Natal.

Eu disse: – mas só faltam vinte dias para o Natal.

– Por isso mesmo, temos de decidir logo.

E, assim, ainda meio entorpecida pelos acontecimentos das últimas horas, resolvi que queria ser operada pelo Dr. Ernesto Damerau.

Minha decisão se baseava num episódio ocorrido há 13 anos, quando minha mãe foi hospitalizada com um quadro clínico grave, com indicação cirúrgica de emergência. Naquela oportunidade, o Dr. Damerau estava de férias e foi chamado pelo médico da família para opinar.

Imediatamente atendeu à solicitação, interrompeu suas férias e foi ao hospital examinar uma "ilustre desconhecida" em seu leito de dor.

Nunca esqueci esse gesto de humanidade e extremado desprendimento.

Nas mãos desse grande médico, desse homem extraordinário, eu queria confiar minha vida.

Com essa definição, a própria Dra. Dolores, dali mesmo do consultório, ligou e marcou a consulta para o dia 9 de dezembro, às 16h30.

Nova Trento:
o santuário de madre Paulina

A nossa vida está repleta de pequenos grandes milagres. Pequenas coisas, pequenos gestos, situações, que numa primeira leitura parecem insignificantes, mas encerram e traduzem momentos de rara beleza.

Com certeza, estamos cercados pelo extraordinário, só que, na maior parte do tempo, estamos cegos e surdos.

Só entenderemos verdadeiramente os milagres que a vida nos reserva, quando, abrindo nossos olhos e nossos ouvidos, estivermos prontos para receber o inesperado, quando estivermos prontos para enxergar, aceitar e entender o instante mágico.

A prática do Amor nos leva à experiência espiritual, que nada mais é do que a identificação do instante mágico, momento em que é possível mudar tudo.

É preciso estar atenta, estar alerta, é preciso declarar-se aluna da vida, aprendiz, que se deslumbra diante do milagre da vida.

Aprendi tanto desde que me declarei aluna da vida!

Há muito, muito tempo, li, não sei onde, que "somente chega ao incêndio do amor quem já passou pelo frio da dor".

Na verdade, nos dias de maior sofrimento, de lágrimas, de "certezas" e incertezas foi que eu aprendi as lições mais sólidas, extraordinárias e verdadeiras sobre o poder do amor, a importância do amor, os milagres do amor.

Mais um desses momentos extraordinários, desses pequenos milagres, aconteceu em Nova Trento.

Na verdade, para relatar esse momento de rara comunhão com Deus, preciso falar sobre a Dra. Dolores, mulher de fé, mulher forte, grande médica, amiga querida. Sua fé me emociona, sua luz me contagia.

Dolores ama a Deus sobre todas as coisas e ao próximo como a si mesma. É capaz de fazer o seu dia multiplicar-se em horas e faz tudo para todos; incapaz de dizer não, mesmo que isso lhe custe mais cansaço, mesmo que isso lhe roube preciosas horas de sono.

Dolores traz dentro de si a força de mil homens, mas apresenta a ternura e a fragilidade de uma flor.

Conjuga com sabedoria infinita os verbos doar, repartir, atender, ajudar, mas, sobretudo, amar.

Quando penso na sua luta diária, fico imaginando de onde vem tanta força, tanta energia, tanto calor humano, tanta luz.

Com certeza, toda essa força e essa luz vêm de Jesus Salvador, mestre e bússola de sua vida.

Dolores tem uma fé inabalável e uma das coisas que mais me impressiona é sua intimidade com Jesus. Em meio a tantas exigências do trabalho, faz parte da sua rotina dobrar os joelhos junto de Deus e orar. E esses momentos são plenos, pois seu rosto se ilumina, seus olhos adquirem um brilho raro: o brilho da transcendência, da comunhão pura e verdadeira da criatura com seu criador.

Como dizia Madre Tereza de Calcutá, "a alegria é oração. A alegria é amor. Um coração ardendo de amor é forçosamente um coração alegre".

Penso sempre que a Dra. Dolores consegue atender ao pedido feito por Nossa Senhora em Medjugorje: "Filhinhos, peço que rezem, rezem, rezem, até que a oração se torne alegria para vocês."

Foi essa mulher de fé, essa grande médica, esse ser iluminado – Dra. Dolores tem mãos de luz – e que com muito orgulho eu digo minha grande amiga, que esteve ao meu lado, o tempo todo.

Assim, depois de termos marcado a consulta com o cirurgião, Dra. Dolores, naquele fim de semana, convidou-me para irmos até Nova Trento, ao Santuário de Madre Paulina, como já o tínhamos feito tantas vezes.

E, como sempre, combinamos sair de Florianópolis bem cedo, às 5h30 da manhã.

Era domingo, dia e horário de trânsito muito tranqüilo.

Durante a viagem fizemos nossas orações em voz alta, elevamos a Deus nossos pedidos, apresentando-lhe nossas angústias, dores e incertezas.

Como não poderia deixar de ser, pelo momento que eu estava vivendo, o tema de nossas orações foi minha saúde.

Estávamos indo a Nova Trento pedir a intercessão de Madre Paulina junto a Deus Pai por tudo que estava acontecendo.

Na verdade, eu sabia pouco. Só sabia o que Dra. Dolores havia me contado: que eu deveria operar o tumor, e, para mim, isso era tudo e ponto final.

O que mais me atormentava era aquela tristeza imensa, aquela dor na alma, tão forte, tão grande, tão imensamente densa e profunda.

Sentia-me deprimida.

Eu rezava e pedia por aquilo que eu sabia: que o cirurgião fosse iluminado, bem como o anestesista, que corresse tudo bem.

A viagem me fez muito bem.

Adoro viajar com a minha amiga Dolores, adoro quando ela pede para eu dirigir, adoro conversar com ela, sobre tudo, sobre nada, sobre sentimentos, emoções, impressões, sobre assuntos sérios, importantes, sobre assuntos sem importância, jogando conversa fora.

Dolores é uma grande companheira de viagem.

Nessa viagem, foi especialmente lindo acompanhar o dia nascendo, o sol apontando devagar e sem alarde, e, com sua luz, ir dissipando a escuridão.

Porém, mais tocante do que isso, foi chegar àquele vale, o Vígolo, onde Madre Paulina viveu.

É indescritível a emoção, a paz, a serena tranqüilidade que nos invade a alma, ainda mais naquele horário, chegar junto com a luz do dia, quando a natureza está despertando, com o coro de passarinhos, como uma orquestra afinada, para nos saudar.

Os montes verdejantes, a copa das árvores ainda molhadas pelo sereno da noite sendo aquecidas pelos primeiros raios de sol.

E as flores, as rosas, cultivadas pelas irmãs, tão lindas, tão coloridas, igualmente molhadas pelo orvalho, sendo beijadas pelo sol e, em troca, exalando o perfume que enche aquele lugar de uma intensa e profunda paz, que nos envolve inteiramente numa aura de luz e nos toca a alma.

Chegar ao Vígolo é uma experiência profunda de comunhão com Deus através da natureza e pela energia espiritual que envolve aquele lugar.

Penso que é difícil não se emocionar, não se deixar tocar por aquela paz.

Para mim e Dolores, sempre foi uma experiência profunda, vivenciada com muita fé e oração.

Foi essa, tenho certeza, a motivação que a fez me convidar naquele momento difícil que eu estava vivendo, para irmos ao Vale da Madre Paulina.

Fomos à Igreja onde está a imagem e a relíquia mortuária de Madre Paulina.

De joelho, pedimos, oramos, e, no silêncio de nossos corações, cada uma fez seus pedidos e apresentou suas dores.

Diante da imagem de Madre Paulina, sobre o altar, sempre tem uma bandeja cheia de pétalas de rosas.

Dolores colheu uma dessas pétalas, colocou-a sobre a relíquia e mentalizou um pedido e me disse que aquela pétala ela iria me entregar lá no hospital, no dia da cirurgia.

Fiquei muito emocionada.

Subimos então numa elevação, muito íngreme, até chegarmos ao lugar onde, em meio às flores, foi erguida uma estátua de Madre Paulina em tamanho natural, maior talvez.

Essa estátua, acho que esculpida de bronze, apresenta a imagem de uma mulher forte, com suas vestes de freira, carregando sobre os ombros uma enxada, porque nesse lugar Madre Paulina, ainda jovem, trabalhava na roça cuja colheita garantia sua sobrevivência.

O que sempre me impressionou sobre Madre Paulina foi saber do seu amor e dedicação aos doentes, especialmente aos cancerosos.

Nesse dia, especialmente, quando olhei para aquela imagem, chorei, chorei muito.

Pus-me de joelho, ali mesmo no chão, e me deixei ficar, chorando, como que lavando minha alma e meu coração, tentando me livrar daquela tristeza tão intensa, tão grande que envolvia meu coração e parecia me sufocar.

Fiquei ali chorando muito tempo.

Dolores estava ao meu lado, segurando minha mão, sem dizer uma palavra, sem cobrança, sem julgamento, numa cumplicidade amiga e, hoje eu sei, de quem sabia muito mais do que dizia.

Passado muito tempo, olhei para Dolores e disse-lhe que, olhando para aquela imagem, de uma mulher tão forte, tão destemida, que escolheu uma forma tão difícil e especial de servir a Deus através dos cuidados que dispensava aos cancerosos, eu me sentia tão pequena, tão fraca, tão covarde, tão incompetente...

Dolores então apertou mais forte a minha mão e disse que Madre Paulina iria me dar toda a força de que eu precisava.

Num abraço emocionado, ainda chorei muito.

Então Dolores começou a percorrer o local, um grande espaço coberto por pequenas pedrinhas, como ela sempre faz.

Por todos os lugares em que ela anda, nos arredores, ela sempre olha o chão, procurando pedrinhas e diz que em algum lugar tem uma pedrinha que ela vai ajuntar e levar.

Nesse dia ela ajuntou uma pedrinha e colocou na minha mão, dizendo: – Essa é para ti.

Descemos a colina olhando as flores do caminho e contemplando o vale que lá embaixo parecia nos esperar como quem espera um abraço.

Ao iniciarmos a viagem de volta, disse a Dolores que minha angústia não havia desaparecido, porém eu me sentia com mais condições de enfrentar o que estava por vir. Isso queria dizer a cirurgia.

Só a Dolores sabia que tinha muito mais do que isso.

Quando cheguei em casa, meu filho Emanuel veio correndo ao meu encontro já perguntando quantas pedrinhas havíamos trazido. Sabendo de nossa prática de ajuntar pedrinhas, Emanuel brincava sempre dizendo que não se impressionaria se um dia viéssemos com uma sacola cheia delas.

Tirei do bolso a pedrinha que Dolores tinha ajuntado para mim e, com ela na palma da mão, mostrei-a ao Emanuel.

A pedrinha rolou da minha mão, caiu no chão e se partiu em duas.

Favorecido por seu formato irregular, um pedacinho de uma extremidade se separou.

Imediatamente, com grande pesar, ajuntei os dois pedaços e perguntei ao Emanuel se conseguiríamos colar.

Foi então que, mais uma vez, aconteceu aquele momento mágico, de profunda espiritualidade e, como das outras vezes, veio a minha mente uma mensagem clara:

ESSE PEDACINHO DE PEDRA QUE SE SEPAROU QUER SIGNIFICAR O TUMOR QUE SERÁ RETIRADO INTEIRO.

E, mais uma vez, eu sabia que aquilo era verdadeiro.

Juntei os dois pedacinhos de pedra e vi que, quando unidos, não se percebia a separação, só quando eu diminuía a pressão dos dedos é que eles se dividiam.

E eu não quis colar os pedaços, queria, isso sim, que eles ficassem separados.

Guardo a pedrinha (as duas partes) como se guarda um tesouro.

Recordando tudo isso, penso que tinha razão o letrista quando escreveu:

"Quem conheceu um amigo conheceu o seu Deus.

Quem conheceu um amigo jamais morrerá, pois os amigos são um pedaço do céu.

Mas o bem maior

É ter no peito um jeito sincero de se dar.
É deixar o coração se abrir direito, do jeito que alguém precisar
Quem aceitou um amigo para caminhar
É como ter descoberto o amor
Ter encontrado um conforto maior
Sentir o carinho do amigo na hora da dor."

Sabe o que torna possível ter uma história dessas para contar?

O amor de Deus e de um amigo; amor que torna possível suportar tudo.

Agradeço a Deus, por tanto amor, tanta generosidade, por me cumular com bênçãos e graças e por colocar no meu caminho uma amiga tão especial.

O supremo poder de Deus nos abençoa e completa nossa vida, dá esperança e força para enfrentarmos os desafios de cada dia, porque tudo é possível para Deus, Nosso Pai e Senhor.

Quando depositamos nossa confiança Nele, Ele nos guia com seu amor, mas dá paz e alegria e abençoa nosso viver.

Pois Ele é um pai justo e amoroso, em cujo amor e bondade podemos sempre acreditar.

Agradeço a Dolores por tanto carinho, por partilhar e dar tanto de si, por estender a mão, por oferecer seu coração de forma tão generosa.

Que bom que você existe, minha amiga, e como sou feliz por ter uma amizade especial como a sua.

E obrigada por me levar a Nova Trento, num gesto de bondade infinita que fez toda a diferença.

Naquele momento, era o que eu mais precisava: atenção, carinho e um ombro amigo.

Foi isso que eu encontrei em você.

A consulta com o cirurgião

A Dra. Dolores dizia fazer questão de me acompanhar na consulta com o Dr. Damerau. Eu insistia que não havia necessidade, afinal eu já sou bem grandinha.
Mas não consegui demovê-la da idéia, pois ela dizia que o médico poderia me dizer alguma coisa que me assustasse.
Quando eu perguntava que tipo de informação poderia me assustar, ela desconversava.
Sem questionar mais, concordei então que ela fosse comigo.
Combinamos que nos encontraríamos no consultório do médico, no Hospital de Caridade.
Estava já a caminho, quando Dra. Dolores ligou para meu celular dizendo que havia sido chamada na maternidade, pois uma de suas pacientes entrara em trabalho de parto, e que não poderia me acompanhar.
Tentei tranqüilizá-la, dizendo-lhe que eu estaria bem.
Ela me fez prometer que eu não me assustaria. Se, porventura, eu ficasse preocupada com alguma coisa, assim que terminasse a consulta, deveria procurá-la para que pudéssemos conversar.

Pediu-me então que passasse antes no seu consultório e apanhasse os exames, pois estavam todos com ela.

Foi só nesse momento que me dei conta que, na verdade, eu não tinha visto nenhum exame, pois ela tinha assumido a tarefa de apanhar todos os resultados e me repassar.

Para mim, estava tudo bem. Apanhei os resultados e fui para o consultório do cirurgião.

Estando lá, enquanto aguardava, é claro que eu não ia deixar de ler todos os laudos, afinal era a primeira oportunidade que estava tendo.

Abri o envelope grande e, qual não foi minha surpresa, dele retirei um envelope pequeno ainda lacrado.

Não tive a menor dúvida: abri.

Tinha um texto descritivo e, embaixo, escrito em negrito e letras maiúsculas: Conclusão: *Carcinoma Papilar*.

Então, pensei: carcinoma quer dizer câncer, mas eu não tenho câncer.

Nesse momento eu conferi se o exame era meu mesmo. Não podia ser.

Mas estava lá, corretamente escrito, para não deixar dúvida alguma, o meu nome.

O exame era meu mesmo.

Mas tinha que haver um engano, eu não tinha câncer.

Não tive muito tempo para conjecturas, pois fui convidada a entrar, já que o médico me aguardava.

Apresentei-me ao Dr. Damerau, falei-lhe porque estava ali e porque o tinha escolhido (relatei o episódio de minha mãe) e notei que ele ficou emocionado.

A consulta transcorreu normalmente e, então, ele me pediu os exames.

Entreguei-lhe o envelope, mas nada comentei.

Percebi que, ao abrir o envelope pequeno, onde estava

O tal laudo, Dr. Damerau ensaiou um tímido sorriso, mas nada comentou.

Sem mais delongas, ele solicitou os exames pré-operatórios, marcou o dia da cirurgia, repassou todas as orientações e disse-me que faria a retirada total da tireóide, pois não era prudente retirar somente a área do tumor.

Orientou-me quanto à necessidade de fazer um acompanhamento com um endocrinologista, devido à necessidade da reposição hormonal.

Falou-me que, pelo resto da vida, eu teria que tomar o hormônio, pois passaria a viver sem a tireóide.

Foi muito claro também quanto ao risco de minhas cordas vocais serem afetadas na cirurgia e ficar com seqüelas permanentes na voz.

Disse-me que seria muito cuidadoso, mas queria que eu estivesse ciente dos riscos.

Combinamos que eu faria os exames e nos encontraríamos no dia em que eu me internasse.

A cirurgia ficou marcada para o dia 17 de dezembro de 1998, sendo que eu deveria dar entrada no hospital no dia 16, até às 16 horas.

Saí dali meio atordoada. Não fui procurar a Dra. Dolores, como havia combinado.

Fui direto para casa.

Aquela palavra – carcinoma – não me saía da cabeça.

E eu lutava comigo mesma.

Ora, eu pensava: mas eu não sou uma pessoa ignorante, carcinoma quer dizer câncer. E eu mesma argumentava: mas eu não tenho câncer.

Quando cheguei em casa, fiquei sentada dentro do carro, lendo e relendo aquele laudo e buscando desesperadamente uma explicação razoável que justificasse aquele engano.

Sim, só poderia ser um terrível engano. Eu não tinha câncer.

Fiquei ali, sentada no carro por muito, muito tempo, com aquele envelope na mão. Meus filhos perguntavam o que eu estava fazendo ali sentada e por que eu não saía.

Disse-lhes que não me sentia muito bem.

Então pedi que minha filha Milena me trouxesse um dicionário.

Ela achou esquisito demais e comentou com os irmãos que eu não deveria estar bem mesmo, pois isso parecia loucura.

Perguntou qual a diferença de ver o dicionário dentro ou fora do carro.

Peguei o dicionário e então a "ficha caiu". Eu vi escrito ali em bom português: carcinoma = câncer.

Não havia mais dúvida.

Meu Deus, não podia ser verdade! E os meus filhos?

Senti-me totalmente desnorteada.

Saí do carro, sentei-me no cantinho da garagem e chorei.

Chorei como nunca havia chorado antes, nem mesmo quando mamãe morreu.

Era diferente. Quando mamãe morreu, eu chorava por ela.

Agora eu estava chorando por mim mesma.

Eu nunca antes tinha chorado assim.

Que pesadelo terrível era esse.

Queria que alguém me acordasse ou que me dissesse que tudo não havia passado de um terrível engano.

Chorei desesperadamente por duas horas.

Meus filhos estavam aflitos, mas eu simplesmente não podia dizer a eles.

Eu não tinha sequer coragem de repetir aquilo para mim mesma.

Não, não, eu não podia pronunciar aquelas palavras.
Meu marido chegou, ficou muito nervoso por me ver daquele jeito e quis logo saber o que tinha acontecido, o que tinha dito o cirurgião.

Disse-lhe a primeira coisa que me veio à cabeça, que eu estava muito nervosa por causa da cirurgia.

Eu tentei me recompor.

Eu precisava ficar bem.

Naquela noite era o lançamento do livro da Clarmi, um momento dos mais importantes para ela.

Eu precisava ir, pois, se eu não aparecesse, ela ficaria muito preocupada, e eu não poderia permitir que alguma coisa ofuscasse sua alegria.

Ela sabia que eu teria consulta com o cirurgião e tinha, inclusive, pedido que ligasse dando notícias logo que possível.

É claro que não o fiz, devido às circunstâncias adversas, mas daí a não ir na sua festa tinha uma diferença muito grande.

Custei um pouquinho a me recompor mas fui na sua festa, na sua noite de autógrafos.

Afinal, o que não se faz por amor?

Tudo. Até se recebe a notícia de que se tem um câncer e se vai ao lançamento do livro de uma amiga especial.

Tudo por amor.

Como diz Roberto Carlos: *"a medida certa do amor é o amor sem limites."*

Quando abracei a Clarmi, ela perguntou se estava tudo bem, como tinha sido a consulta.

Falei que estava tudo bem, que ela podia ficar tranqüila, que depois conversaríamos.

Cumprimentei-a e falei do meu amor por ela.

Ela sorriu e a festa prosseguiu, todos querendo estar com ela. Afinal, ali, ela era a celebridade.

Eu estava muito inquieta, agoniada.

E a Dolores que não chegava.

Havíamos combinado que nos encontraríamos na festa. Depois de muito esperar, resolvi ligar.

Ela disse-me que já estava saindo de casa.

Então perguntou se eu estava triste e por quê.

Respondi que sim, que depois de ler aquele laudo eu não ficaria bem tão cedo.

Dolores respondeu que não havia nos meus exames nada que pudesse me preocupar.

Mas quando eu lhe falei do laudo ela disse: – isso não é possível.

Então eu falei que era melhor ela não vir para a festa, que eu preferia ir até sua casa, pois precisávamos conversar e, principalmente, porque eu precisava de colo e não de festa.

Concordamos com isso, e então me despedi da Clarmi, afinal já era bem tarde, prometendo que no dia seguinte conversaríamos.

Quando cheguei na casa da Dolores, ela estava muito aflita e lamentando profundamente o fato de eu ter descoberto daquele jeito o laudo.

Ela se recriminava pelo fato de não ter sido capaz de impedir que eu tomasse conhecimento, que no seu entender não havia necessidade de que eu soubesse, pois tinha certeza de que a cirurgia iria extrair tudo.

Disse-me que ela mesma havia tirado o envelope lacrado e colocado na gaveta da sua mesa. Que, depois de conversar comigo pelo telefone, enquanto eu me dirigia para sua casa, ela foi ao consultório para confirmar e realmente o envelope estava lá.

Tanto assim que ela me pediu que trouxesse o envelope, pois ela precisava vê-lo, para acreditar. Quando ela o abriu ficou muito surpresa. Havia, então, dois envelopes.

Depois de muito tempo conversando e trocando informações acerca do diagnóstico, ela me contou como tinha sido difícil saber disso sem ter com quem dividir.

E é claro que eu perguntei desde quando ela sabia.

A resposta não me surpreendeu: no dia da coleta do material para a biópsia, o patologista já havia levantado sérias dúvidas e a confirmação viera naquela fatídica quinta-feira.

Perguntei-lhe por que não tinha me contado.

Ela me disse que queria me poupar do estresse do diagnóstico, proporcionando-me maior tranqüilidade até a cirurgia.

Disse-me que pretendia me contar após ter em mãos o laudo anatopatológico do órgão retirado, com a informação de que não havia ramificações do câncer, que as margens estavam livres.

Ao me dizer isso, seus olhos brilharam de emoção. Eu juro que vi lágrimas.

Sua convicção era tão grande que sua certeza e sua fé me comoveram profundamente.

Conversamos também sobre a consulta com o Dr. Damerau, o dia da cirurgia, os riscos, os exames.

Então falei sobre o fato de ter o Dr. Damerau, quando abriu o envelope lacrado, ensaiado um sorriso.

Foi aí que ela me contou que, no momento em que se confirmou sua impossibilidade de me acompanhar à consulta, ela conversara com o Dr. Damerau, pedindo-lhe que não fizesse nenhum comentário a respeito do câncer, pois eu não sabia de nada.

Enviou-lhe o laudo (do envelope lacrado) por fax para seu conhecimento e análise.

Foi por isso que ele achou graça: a médica pede que não conte à paciente sobre o diagnóstico e, uma hora depois, a mesma entra no consultório com o laudo na mão.

Acabamos rindo de tudo isso.

Quando, mais uma vez, Dolores se perguntou por que não fora capaz de esconder-me o laudo e impedir que eu tomasse conhecimento, a resposta me veio clara, novamente vivenciando uma daquelas experiências espirituais extraordinárias.

– Porque você não é Deus, não pode tudo. Você estava me impedindo de crescer, de tirar proveito dessa lição. Quando Deus permitiu que eu tivesse um câncer, ele tinha um propósito. Mesmo sendo um momento difícil, é preciso que eu me aproprie de todo ensinamento que eu puder. Fica tranqüila Dolores, coloca paz no teu coração.

Penso que ter tido conhecimento do diagnóstico foi decisivo para mim, pelo menos eu sabia contra o que estava lutando, permitindo-me assumir responsabilidades sobre minha saúde.

E eu disse a Dolores que esse momento difícil por certo estava repleto de ensinamentos e que, por mais difícil que fosse, eu queria aprender cada lição, absorver cada ensinamento, estar atenta a todos os sinais.

Eu e Dolores acabávamos de partilhar um dos momentos mais difíceis, o mais intenso, o mais profundo, o mais emocional de todos que já havíamos partilhado.

Mas, a partir daí, já extraíamos mais uma grande lição: nesse momento ímpar, com certeza, nossa amizade se consolidou pelos laços indissolúveis da irmandade, porque algumas amizades são para sempre.

Não há nada que se compare à felicidade que encontramos no aconchego de uma amizade. Uma amizade baseada em generosidade e franqueza, momentos partilhados, palavras de apoio e carinho.

Uma amizade que cresce através de risos e lágrimas, momentos bons e maus, sempre mais profunda e forte.

Lição aprendida, era hora de voltar para casa. Já era madrugada.

Navegar é preciso e eu tinha que voltar para o mundo real.

Havia momentos muito difíceis a ser enfrentados ainda.

Precisaria contar ao meu marido, à minha irmã...

Naquela noite não dormi.

Simplesmente não tinha sono. Dobrei e passei uma pilha de roupa, varri a casa, lavei roupa...

Fiquei horas sentada no sofá, pensando em tudo, pensando em nada...

Resolvi não contar nada aos meus filhos.

Decidi que contar não mudaria em nada a minha situação.

Só acrescentaria mais preocupação e achei que seria muito triste para eles conviver com esse diagnóstico.

Não havia nada que eu pudesse lhes dar como garantia de que tudo ia ficar bem. Eu também não sabia como os acontecimentos iriam se desenrolar.

Achei que seria por demais triste eles olharem para mim e lá no íntimo de seus corações ficarem se perguntando: – será que a mamãe vai ficar boa?

Decidi arriscar e achei mais sensato, mais humano não lhes contar nada.

São passados dois anos e o Emanuel e o Vinícius ainda não sabem. Milena soube há seis meses.

Com o projeto de publicar este livro terei de lhes contar. Mas perceba a diferença entre dizer hoje e ter dito naquela oportunidade.

Hoje eu posso dizer: – eu tive um câncer, estou curada. Naquela oportunidade teria dito: – eu tenho um câncer, vou ser operada.

Também decidi não contar ao meu pai, simplesmente porque não tinha coragem para isso. Essa, na verdade, não foi a decisão mais acertada. Não por ele, mas por mim.

Ao longo do tempo, com o passar dos meses, percebi que isso fez muito mal para mim, pois eu não conseguia encerrar o processo, colocar um ponto final.

Na verdade eu tinha uma necessidade enorme do seu colo, de chorar como uma criança de novo e, principalmente, da segurança do seu consolo.

Fingir diante dele que estava tudo bem me fez muito mal.

Eu precisava dizer para ele que estava com muito medo.

Hoje sei a falta que fez ouvir meu pai dizer: – Vai dar tudo certo, minha filha.

Não ter assumido a necessidade dessa troca, de ser a criança fragilizada no colo do pai, fez-me muito mal.

Percebi isso na terapia e depois de um ano e meio chamei meu pai e lhe contei.

Foi muito doloroso para nós dois, embora ele me dissesse que eu estava somente confirmando aquilo que ele já sabia.

O dia seguinte

Graças a Deus, o dia amanheceu.
As noites insones são tão tristes, tão solitárias, tão silenciosas.
Como diz a minha filha Milena, a noite tudo piora: as dores tornam-se mais agudas, os medos, os traumas, as dúvidas, tudo aflora e se acentua ainda mais na ausência da luz.
Então, saudemos a luz.
Mas, como eu dizia, o dia amanheceu.
Eu precisava ir ao laboratório colher sangue para fazer os exames; precisava tirar um raio X e fazer um eletrocardiograma (eram os exames pré-operatórios).
Passei a manhã envolvida com isso.
Eu agora precisava ir à luta. A angústia do sofrer sem saber bem por que tinha sido substituída pela dor real de saber que eu tinha um câncer que precisava ser extraído. Não era mais só uma batalha emocional. Era real. Eu tinha que fazer coisas que ninguém podia fazer por mim.
Liguei para a Angela, minha psicoterapeuta, pedindo um horário extra, pois eu precisava muito dela.
A Angela foi a primeira pessoa para quem eu contei que estava com câncer.

Foi muito difícil. Chorei muito.

Foi difícil verbalizar, mais difícil ainda ouvir o que eu mesma estava dizendo. Aliás, levei muitos dias para me acostumar.

Angela foi extraordinária, como sempre, segurou minha mão durante todo o tempo.

Conduziu com muita sabedoria todo o processo, tentando me passar segurança, mostrando que eu tinha chão sob meus pés, que ter medo e chorar faz parte do processo.

Relembrou comigo das grandes questões das quais eu já havia me apropriado, e que, sem dúvida, respaldavam esse momento difícil.

Foi duro. Palavras preciosas de apoio foram ditas, silêncios também preciosos foram compartilhados. Angela foi fundamental, durante todo esse tempo, imprescindível eu diria.

Os meses que se seguiram à cirurgia foram difíceis demais. Mais difíceis do que tudo. Senti-me abandonada, incompreendida; todos os médicos que "cuidavam" de mim me encaminharam a um colega. Isso foi um golpe muito duro. Fiquei sem referencial. Só a Angela não me abandonou. A Angela ficou e segurou todas comigo.

Angela nunca deixou de acreditar na minha capacidade de superação e me lembrava disso sempre. Não deixou que eu me distanciasse demais e nem perdesse de vista aquela Glácia saudável, que tinha uma garra incrível, força, que acreditava na vida. Apesar de tudo, Angela sabia, que eu continuava a ser a mesma mulher decidida, sorridente, corajosa e que a minha "volta" era só uma questão de tempo.

Angela é assim: a um só tempo razão e sensibilidade. Tem o dom da disponibilidade, sem pudor com o sofrimento. Mais importante que tudo, com ela eu podia ser eu mesma, pois me dava o espaço e a liberdade de ser.

Sem ela, teria sido ainda mais difícil, insuportável.

Tenho com Angela uma dívida de gratidão eterna.

Na terapia aprendi tanto!

Angela é uma psicoterapeuta extraordinária, um ser humano excepcional.

Com ela aprendi a lição do bambu.

O vento sopra forte, o bambu se inclina sob a pressão, mas não quebra. Com o tempo o vento cessa e o bambu volta a se equilibrar.

Na vida é assim também.

Aprendi, fazendo terapia, que, para conseguir ajuda, temos de buscá-la.

Foi um exercício de aprender a me socorrer e a buscar socorro.

A gente precisa contar com os amigos.

E foram tantos e tão preciosos os momentos vividos com os amigos.

Alguns mais precisavam de ajuda para lidar com a situação do que propriamente ofereciam ajuda.

Quantas xícaras de café partilhadas.

Algumas sorvidas com mais pressa, com um pedido mudo de que eu me livrasse logo daquela dor.

Outros traziam livros, outros, ainda, pequenos discursos de solidariedade.

Mas todos queridos amigos.

Amigos que diziam aquelas coisas que se diz numa situação como essa, mas que, não importa quantas vezes elas sejam ditas, sempre fazem um bem danado.

Existem pequenas e grandes felicidades, mas a dor é sempre desmedida, maior do que deveria. A dor é também solitária e, para reforçá-la, existem perversas regras de etiqueta que nos condenam a sofrer sós.

Eu simplesmente me neguei a me esconder, e a terapia me ajudou a ver que não precisamos ficar sós, que ajuda também se pede, também se busca.

Com certeza, esse momento tão difícil pelo qual passei tornou-se tolerável graças à intervenção dos amigos que me diziam: – Você não está sozinha.

A solidariedade e o carinho dos amigos são o passaporte moral para a gente seguir viagem.

E eu gritei bem alto a minha dor, pedi colo, chorei, sofri, enlutei.

E mais do que muitos amigos, eu tinha a Angela.

E ela estava sempre lá, inteira, amável, tolerante, paciente com o meu ritmo e o meu tempo, consciente de que mais importante era o caminhar e não a meta em si.

Angela me ajudou a reescrever a história da minha vida.

De mil maneiras me ajudou a transformar as minhas limitações em privilégios.

Angela fez por mim mais do que qualquer crença ou filosofia poderiam ter feito, porque mais importante do que tudo, era a certeza de que ela simplesmente estaria lá.

Nesse dia, em especial, tão sofrido, de tanta dor, Angela me acolheu, estendeu-me a mão e eu falei, falei, falei sobre tudo: do passado, do futuro, do presente... dos meus temores, da perplexidade por isso tudo estar acontecendo comigo, desfiei minhas queixas da vida e chorei, chorei e chorei.

E, com amor, com muita sabedoria, numa visão que desconsiderava convenções e preconceitos, sem julgamentos, sem pudor diante do sofrimento, Angela agiu, ajudou-me a sair daquele torpor e não permitiu que eu desistisse e, com firmeza e tranqüilidade, ministrou os primeiros socorros emocionais.

Dentre as muitas coisas que Angela me ajudou a ver nesse dia, uma foi perceber que precisava contar para o meu marido. Isso me parecia tão difícil, queria encontrar um jeito de poupá-lo.

Mas me convenci de que ele precisava saber, até mesmo para entender melhor o meu próprio sofrimento e também porque eu precisava da sua ajuda.

Teria que reunir forças para contar-lhe.

Pedi à Angela ainda um horário antes da cirurgia, ao que ela me disse que, mais do que isso, estaria comigo no hospital antes, durante e depois da cirurgia.

Saí dali para mais uma tarefa difícil: precisava contar para a Clarmi.

Eu precisava contar, porque mais que tudo, eu precisava dela, do seu colo, do seu abraço, do seu amor, da sua cumplicidade. Eu precisava desesperadamente dela.

Eu só não estava preparada para o que vi.

Quando falei que o tumor era câncer eu vi a Clarmi se alquebrar, como que atingida por uma força poderosa e, pela primeira vez, eu a vi chorar.

E eu chorei também.

Mas me senti incrivelmente bem, segura, literalmente protegida e vi naquele momento que nada era tão forte para me derrubar.

E, por incrível que pareça, sentia-me forte para a luta.

Como é bom ter amigos assim, que simplesmente nos completam.

Naquela noite, após o jantar, disse ao meu marido que precisava conversar.

Percebi que ele ficou muito pálido, parecia pressentir as más notícias.

Sentados à mesa, de frente um para ou outro, nos olhamos e eu vi tanto medo nos seus olhos, tanta dor.
Não sei o que ele viu nos meus. Nunca perguntei.
Minhas mãos tremiam, ele então tomou-as nas suas e pediu que eu falasse.
Mas era tão difícil.
Com lágrimas descendo abundantes pelo meu rosto, eu disse:
– Jânio, o tumor que eu vou tirar é um câncer.
Pareceu-me que ele havia sido atingido por uma descarga elétrica, seu corpo foi sacudido por um espasmo.
E, com lágrimas rolando, ele disse uma das frases mais bonitas que já ouvi:
– Mulher, eu tenho certeza que Deus vai te curar. Eu nem preciso pedir isso a Ele, porque tu já alcançaste misericórdia e merecimento diante d'Ele por tudo que tu és.
Esse é o meu homem, com a simplicidade e a pureza de alma de um menino.
E, ali, sentados na mesa da cozinha, choramos.
Conhecer o amor é isso: compartilhar a vida como ela é.
Apaixonar-se é possuir algo precioso, a salvo do tempo, da idade, dos acontecimentos.
Dar amor, viver o amor, é ter até na dor, riqueza de alegrias, que dão cor a cada dia e sentido a cada momento de nossas vidas.

A derradeira dor

Em dois dias, eu tinha vivido as dores de uma vida, as dúvidas, as incertezas, o medo...
Mas também havia recebido tanto carinho, tanto amor, tanta solidariedade.
Percebi que, na minha vida, havia tantas pessoas especiais com as quais eu podia dividir minha dor.
Percebi que certas coisas na vida foram feitas para ser experimentadas, não explicadas. E o amor, o carinho e a amizade são algumas delas.
Mas apesar de tudo isso, apesar de ter experimentado a intensidade do amor e do carinho, meu coração sentia e temia, porque sabia que ainda precisava enfrentar a derradeira dor, a mais intensa, a mais doída: eu precisava contar para minha irmã.
Ela já andava enlouquecida, desconfiada, a me cobrar respostas, pressionando também a Dra. Dolores.
Mas eu ainda não estava pronta, precisava de mais tempo.
Na verdade, esse tempo não era propriamente para mim, era para ela.
Estranhamente eu sentia que precisava adiar o mais que pudesse, não sei explicar. Como se eu precisasse dar tempo ao tempo.

A Dra. Dolores, sentindo-se pressionada com tantas perguntas e querendo me poupar, prontificou-se a contar. Mas de modo algum eu poderia permitir. Por mais dolorosa, essa missão era minha e de mais ninguém.

Talvez eu estivesse adiando tanto, porque sabia que para ninguém mais seria tão sofrido como para a Dulce.

E, também, porque contar para ela equivalia a contar para minha mãe, se ela ainda estivesse entre nós.

E isso era dor demais.

Era muito duro, mas eu tinha que contar e sabia que precisaria ser muito forte para ajudar minha irmã caçula a suportar essa dor.

Na verdade, ela foi a única que não foi pega de surpresa. Ela já sabia, o coração dela já sentia, ela só não sabia que sabia.

Ao me aproximar, quis ainda brincar, distraí-la, conversar sobre outras coisas, fiquei fazendo rodeios, tudo em vão.

A dor expressa no seu rosto era tão intensa e tão grande era a tristeza dos seus olhos que fiquei perplexa.

Esqueci completamente a minha dor que tinha ficado insignificante diante da dor da minha irmã.

Superei minha dor para cuidar da dor dela.

Num sussurro, ela me suplicou que não mais lhe escondesse nada e pediu para não ser poupada, pois que a minha dor era dela também.

Reuni todas as forças e lhe falei que o tumor era um câncer.

Nos olhos dela havia dor e pesar e, aos prantos, ela disse:

– Eu te amo muito.

E ali, abraçadas, choramos.

Penso que na vida temos algumas poucas certezas.

Na minha vida, uma delas é o amor da Dulce.

As folhas podem mudar de verde para amarelo e cair; o azul de um belo dia ou um verão luminoso virar um outono chuvoso. Tudo muda: as flores, os lugares, os acontecimentos.

Só uma coisa não muda: o amor que tenho pela minha irmã.

A felicidade assume milhões de formas. Precisamos de coisas grandes como amizade, amor, carinho... mas também de coisas pequenas: barulho de chuva no telhado, pôr-do-sol, admirar o brilho das estrelas...

São essas e outras emoções que fazem com que valha a pena viver o dia mais comum.

Eu e a Dulce sabemos que a "felicidade não é uma estação de chegada, mas uma maneira de viajar".

Nós sabemos que a felicidade é uma conquista diária e é o resultado de pequenos gestos recheados de amor.

Mais do que tudo, sabemos que uma vida feliz é feita de dias felizes.

Na verdade a presença e o carinho da Dulce foram decisivos na minha recuperação. Ela é tão especial, tão singular, com uma capacidade tão excepcional, tão pronta, tão solícita, tão disponível, tão intensamente presente.

Sua presença sempre tão presente me dá a certeza de nunca estar só.

chuva de rosas

Nesse tempo difícil, uma das coisas que me dava grande conforto era me refugiar na Capela da Carmela Dutra para rezar.

Depois daquele dia em que eu disse para Jesus que não queria conversar com Ele, nós fizemos as pazes e voltamos a ser amigos.

Naquele final de semana, 12 de dezembro, chegavam a Florianópolis as relíquias mortais de Santa Terezinha do Menino Jesus.

A cidade inteira se mobilizou para receber a urna com os restos mortais da Santa, numa gigantesca demonstração de fé.

A urna percorreu várias igrejas onde foram feitas emocionadas vigílias.

No dia 14 de dezembro, a urna foi recebida na Igreja de Nossa Senhora do Carmo, em Coqueiros, para uma noite de vigília e oração.

Eu fui à Igreja e fiz uma hora de vigília, das 23h30 às 00h30, de joelhos, em profunda sintonia com Deus. Tive momentos de muita emoção, especialmente durante a celebração da missa.

Fiquei muito emocionada e chorei muito, pedindo a Santa Terezinha do Menino Jesus que me protegesse, que me curasse.

Naquela tarde, duas pessoas haviam me falado dos pedidos que haviam feito a Santa Terezinha por minha cura.

Uma delas, Lúcia Ouriques, trouxe-me uma rosa e a novena da Santa, que conservo até hoje junto ao oratório que tenho em meu quarto.

A outra pessoa foi Patrícia Marcondes, que escreveu meu nome e o pedido por minha saúde e o colocou sobre a urna.

Mas a maior graça estava por vir. Dona Iria e Seu Geraldino, um casal muito querido, que trabalha comigo no Colégio, entregaram-me um folheto sobre a vida de Santa Terezinha, o qual dizia que ela havia morrido muito jovem, e que antes de morrer ela dizia "quando eu morrer, do céu vos mandarei uma chuva de rosas".

Pois bem, no dia seguinte à vigília, logo cedo fui ao Colégio assinar todos os certificados dos alunos do Terceirão, pois a formatura deles seria no dia 16.

Estava totalmente concentrada no trabalho, quando vieram me chamar para ir com urgência à sala do terceirão, pois havia acontecido lá um problema com um aluno.

Fui imediatamente e, qual não foi minha surpresa quando lá cheguei: os alunos, sabendo que eu seria internada no dia seguinte, queriam se solidarizar me desejando pronto restabelecimento da cirurgia.

Quando entrei na sala, todos cantavam a canção do Roberto Carlos *Como é grande o meu amor por você*.

E cada aluno tinha nas mãos uma rosa – e eram 85 alunos. E havia rosas de todas as cores.

E, enquanto todos continuavam cantando, um por vez se levantou, dirigiu-se até mim, entregou a rosa, deu-me um abraço e disse alguma coisa como: "Tenha fé Dona Glácia, vai dar tudo certo"; "Dona Glácia, Deus te ama"; "A Sra. é uma grande mulher"; "Obrigado por tudo"; "Vou orar pela Sra." e mais outras oitenta frases lindas que estão registradas em meu coração.

E, literalmente, nesse dia, eu ganhei uma "CHUVA DE ROSAS".

Você há de concordar comigo que o comum é receber um buquê com uma dúzia de rosas, no máximo duas dúzias. Oitenta e cinco rosas não é comum.

E oitenta e cinco rosas são, sem dúvida, uma "chuva de rosas".

Os presentes da insônia

Eram tantos os sinais de Deus, tantos os momentos de profunda espiritualidade vividos, tantas e tão extraordinárias as emoções, mas que, naquele momento, vinham misturadas ao medo, ao desespero, às dúvidas e incertezas.
Na verdade, eram tantas as preocupações, que acabaram por turvar o milagre da vida.
Há que se registrar que todos esses acontecimentos relatados hoje, quando dois anos já são passados, automaticamente filtrados, peneirados, têm uma conotação muito diferente daqueles momentos de dor vividos em tempo real.
Foi um momento muito difícil.
Desde que soube que o tumor era um câncer até a cirurgia, eu não havia mais conseguido dormir, e nisso se passou uma semana. Simplesmente não era possível relaxar, esquecer, dormir.
Eu não podia, não conseguia.
Deitava, levantava, andava pela casa.
Minha mente não parava, eu não tinha mais o controle.
Começava a me sentir impaciente, ansiosa e uma sensação intermitente de solidão e desamparo.
Sim, porque eu tinha muito claro que, apesar de todo o

apoio, amor, solidariedade, a luta era solitária, o câncer era só meu.

Além de não dormir, alimentava-me muito mal e vivia assombrada por pensamentos repetitivos sobre o diagnóstico e suas implicações futuras, o que se refletia numa enorme dificuldade de concentração.

Passei madrugadas inteiras chorando, tentando me convencer de que aquilo realmente era real e estava acontecendo comigo.

Nessas muitas noites insones, dois fatos me marcaram profundamente.

Numa noite, já alta madrugada, minha filha acordou e, ouvindo meu choro, foi até a sala, sentou-se ao meu lado e disse:

— Mãe, não chora. Tens passado as noites aqui chorando. Reage, mãe. Onde está aquela mulher forte, imbatível, a minha heroína? Onde está a mulher que me ensinou a lutar, que me disse tantas vezes que obstáculos foram feitos para serem vencidos?

E, diante do meu silêncio choroso, acrescentou:

— Mãe, ainda se fosse um câncer, tinhas motivo para chorar, mas não é, mãe. Só por isso, não é justo que chores tanto. Ou será que estás me escondendo algo?

E eu neguei veementemente.

Não! Simplesmente eu não podia contar a verdade, não para minha filha.

Então ela me pegou pela mão, levou-me até a cozinha, preparou uma deliciosa xícara de café e ficamos conversando até o dia amanhecer.

O outro fato que me marcou aconteceu na madrugada do dia em que eu ia ser internada, portanto, era a última noite que eu passava em casa antes da cirurgia.

Depois de tantas noites sem dormir, já vencida pela exaustão, me deitei e dormi por cerca de duas horas. De repente, acordei assustada. Olhei no relógio. Eram 3h20.

E agora, o que fazer? Mais uma longa madrugada solitária e sofrida. Já não tinha mais forças para ficar andando pela casa.

Sentei-me na cama e, totalmente imersa em minha tristeza, comecei a chorar, baixinho, muito baixinho. A mim parecia não haver barulho, mas meu marido acordou, sentou-se ao meu lado e perguntou-me:

– Por que tu estás chorando mulher?

Olhei para ele e, num soluço, respondi:

– Porque eu estou com muito medo, e porque isso tudo é muito triste e eu não sei se vou dar conta. Não sei se vou agüentar.

Ele sorriu, um sorriso franco e tranqüilo e me disse:

– Eu vou te falar uma coisa que pode até parecer infantil, pode até te chocar, mas é a pura verdade. Antes tu do que eu. Eu sei que é difícil demais, mas tu és forte, mulher, e, apesar do sofrimento, estás te saindo muito bem. E eu sinto no meu coração que vai dar tudo certo. Porque se fosse comigo, aí sim tu terias um problema, eu não ia conseguir.

Na verdade não fiquei chocada, mas sim surpresa.

Achei a colocação tão pura, tão franca, tão espontânea... tão bonitinha, tão honesta.

Penso que o Jânio encontrou um jeito por demais especial – usando-se como parâmetro de comparação – para dizer o quanto ele acreditava na minha força, deixando claro que compreendia e estava atento à intensidade e às dificuldades de tanto sofrimento.

E diante de uma declaração de amor e de credibilidade dessas, assinada com a pureza da alma, ele arrancou-me um largo sorriso, daqueles raros, que brilham entre lágrimas.

Internação

O dia amanheceu tão depressa, embora a noite tenha demorado tanto para passar.

De repente, o relógio pareceu-me ter enlouquecido e corria, corria...

Eu tinha tanta coisa pra fazer, tantas providências precisavam ser tomadas: contas, banco, fazer a mala, pegar os resultados de todos os exames, ir ao hospital pela manhã para reservar o apartamento, reunir e entregar a documentação solicitada pelo hospital, planejar as atividades da casa, organizar as atividades das crianças, enfim, deixar toda a orientação, para que todos fossem bem atendidos na minha ausência, e estar no hospital de mala e bagagem, impreterivelmente às 16 horas para me internar.

Foi uma loucura. De certo modo, uma abençoada loucura, pois o corre-corre não me deu tempo de pensar.

Literalmente "peguei no tranco".

Não tive tempo sequer para almoçar.

Cheguei em casa próximo das 15 horas, coloquei as últimas coisas na mala, tomei banho e saí correndo: eram 15h50.

O mais difícil foi sair de casa, despedir-me dos meus filhos...

Eu não sabia como voltaria... e se eu voltasse sem voz... como seria meu futuro... naquela semana alguém tinha me perguntado se eu ia fazer quimioterapia. Eu não sabia.

Graças a Deus, na noite anterior eu havia conversado longamente com cada um dos meus filhos, individualmente.

Foi uma conversa muito difícil, mas absolutamente necessária.

Omitindo, é claro, o diagnóstico de câncer, nossa conversa foi franca e amorosa, trocamos informações acerca da cirurgia, passei-lhes tudo o que sabia, pedi ajuda, apoio e orações.

Mas, de verdade, o que mais me emocionou foi a certeza e o otimismo, sobretudo, a fé que eles me passavam e o amor e o carinho que manifestavam. Com cada um foi um momento especial.

Choramos, nos abraçamos, enfim, lavamos nossas almas e nossos corações.

Mas, na verdade, essas situações são realmente muito dolorosas.

Confesso que, naquele momento, meu próprio sofrimento ficou em segundo plano. Minha dor maior era por meus filhos, sobretudo por saber como aquele momento era difícil para eles.

Isso estava estampado em seus olhos, descia por suas faces na forma de lágrimas.

Esse é um daqueles raros momentos em que as palavras são absolutamente dispensáveis, substituídas pela linguagem muda das emoções, das expressões.

Apesar do medo, da dor, eu saí correndo de casa para enfrentar uma situação que eu nunca havia desejado, que não fazia parte das minhas escolhas, nem dos planos e nem dos sonhos que eu havia sonhado pra mim.

Mas, enfim, a vida nem sempre é como desejamos ou planejamos.

Ao chegar no hospital, ao lado do meu marido, ele carregando minha bagagem e eu segurando meu travesseiro... achei aquela cena muito triste, lágrimas não paravam de jorrar dos meus olhos, e senti muita pena de nós dois.

E eu pensava: – Meu Deus, eu estou bem, não sinto dor, nada me incomoda, estou bem, por que estou aqui, por que devo permitir que agridam meu corpo, numa cirurgia invasiva que vai me trazer dor, desconforto?

Era uma tentativa desesperada de, ainda, pela última vez, negar, fugir da verdade cruel.

Mas ele estava lá, o câncer, silencioso, traiçoeiro... e, por mais difícil que fosse, eu precisava tirá-lo dali.

Os primeiros contatos com o quarto são difíceis. É preciso estabelecer uma relação de familiaridade num ambiente que previamente já se havia rotulado como desagradável e hostil, porque estar ali não era uma escolha, mas uma "espontânea" pressão. Assim, exercitamos nossos preconceitos.

Passados os primeiros momentos, tive que admitir, mesmo a contragosto, que o apartamento era muito bom.

O que ajuda muito nessas oportunidades é dar ao ambiente um toque pessoal. Decorar com objetos pessoais proporciona ao ambiente um toque familiar e isso ajuda o "reconhecimento" daquele lugar como seu.

Comecei então a "arrumar" distribuindo meus pertences. Arrumei um lugar para minha bíblia, meu terço, a pedrinha (os dois pedaços) da Madre Paulina, o robe, pijamas, toalhas, objetos de toalete, material para leitura (afinal, até o dia seguinte eu era só hóspede, não me sentia paciente).

O que realmente faz toda a diferença é levar o próprio travesseiro. É confortante, aliviante. Outra coisa que ajuda muito e é altamente positivo, quando se está internado, é estabelecer com a equipe de enfermagem uma relação amistosa, estabelecendo um pacto de mútua colaboração, mostrando-se amigo, sempre simpático, agradecendo sempre, pelo atendimento. Afinal, eles não têm nada a ver com o fato de estarmos ali.

E, na verdade, o paciente é para eles, "a priori", um ilustre desconhecido, com quem eles também terão que se empenhar para estabelecer uma relação amistosa, assumindo sobre si a responsabilidade de ser competentes.

Para o paciente, estar ali é um momento único; para a equipe de enfermagem, é executar uma rotina para pacientes diferentes, com histórias diferentes, com expectativas diferentes.

Nós não devemos esquecer que eles também são humanos, têm suas limitações, têm suas próprias dores e ainda partilham diariamente das dores e sofrimentos que não são deles, mas de cada paciente.

É claro que essa compreensão não deve mascarar a relação profissional de competência que deve existir.

Devemos ser francos, honestos e manifestar de maneira clara aquilo de que necessitamos.

Fazer perguntas sobre os medicamentos que se toma ou sobre qualquer procedimento ao qual se é submetido ajuda muito, porque além de nos sentirmos mais seguros, nos tornamos um paciente ativo, aquele que participa do seu próprio processo.

E, sem dúvida, ser um paciente ativo, além de reunir informações acerca do quadro clínico, ainda nos coloca na condição de co-responsáveis pelo tratamento, e isso possibilita desempenhar um papel determinante na recuperação da saúde.

Penso que todos esses procedimentos foram decisivos. Foi a forma que encontrei de me apropriar desse momento e vivê-lo da forma mais saudável possível, sempre de olho nos possíveis benefícios que eles podiam me proporcionar.

Mas, dentre todos, um procedimento é absolutamente indispensável: o acompanhante. É ele que faz toda a diferença. Deus também pensou nisso quando criou a Dulce. Ela é a melhor companhia que se pode desejar. Literalmente, ela se "internou comigo". E não arredou o pé. Ela é vigilante, prestativa, incansável, dedicada, paciente, espirituosa e, mais que tudo, me ama muito. Um presente dos céus.

Naquela noite, dormi muito bem, pois o hospital já inclui em seus procedimentos pré-cirúrgicos uma medicação tranqüilizante, que ajuda a relaxar, diminuindo a ansiedade.

Acordei bem. Bem "demais", para uma situação como aquela. Então se sabe que o "estar bem" é um resultado artificial, conseguido com medicação.

Mas, enfim, a manhã iria ser longa, com nada para fazer a não ser esperar, esperar e esperar a hora da cirurgia, que estava marcada para as 13h30.

A cirurgia

Passaram-se apenas catorze dias desde que eu soube que precisaria me submeter a uma cirurgia, e, nesse tempo, descobri que o tumor era um câncer. Apesar de ter sido um processo muito sofrido, creio que exatamente isso me ajudou a enfrentar melhor a situação. Penso que, na verdade, expressei sofrimento na medida certa da necessidade, nem de mais e nem de menos.

"Sofrer de menos" significaria negar, esconder, não assumir a dor, não chorar, não sofrer, esquivar-se, não buscar informação.

"Sofrer na medida certa" foi enfrentar a situação com coragem, com fé, admitir o medo e falar sobre ele, chorar, pedir ajuda, reconhecer-me fragilizada. Mas, também, ir atrás das informações, tomar as decisões, estar no controle, vigilante, assumindo responsabilidades sobre minha saúde, fazendo a minha parte, pensar positivamente, não negar a ansiedade e sim honrá-la, mas principalmente, manter o foco no motivo da cirurgia.

Eu precisava me livrar daquele tumor, aquilo não fazia parte do meu organismo.

Foi uma longa manhã.

A médica que seria responsável pela anestesia já tinha conversado comigo, e eu pude lhe falar sobre o medo que eu tinha da anestesia geral. Falei que a minha preocupação era não acordar mais.

Mas ela foi muito gentil, extremamente generosa em suas explicações.

Penso que ela me identificou como paciente vigilante, daqueles que precisam se sentir no "controle" e, por isso, necessitam muitas informações acerca de todos os procedimentos.

Na verdade, ela conseguiu me deixar mais tranqüila e me passou muita segurança.

Naquela manhã, tive tempo para pensar em muitas coisas e definitivamente concluí que eu tinha lutado muito, que tinha feito todo o "meu possível" e que, daquele momento em diante, eu precisava me "entregar". Precisava confiar, acreditar, relaxar, passar a bola.

E mentalmente imaginei esse ato de entrega total. Primeiramente me entreguei nas mãos do Senhor, recitando com muita fé e emoção a oração que nos coloca na condição de filhos e na qual chamamos Deus de "Pai Nosso" e, de modo especial, a frase: "Seja feita a vossa vontade."

Foi um momento muito especial, de profunda comunhão com o meu Senhor.

Percebi que eu não precisava mais "lutar". Eu já tinha lutado tanto, enfrentado tantas dores, físicas, emocionais, e a pior de todas: a dor da alma.

Agora eu estava me "abandonando", e pedindo colo a Jesus.

E, nesse momento de profunda sintonia, visualizei a cena belíssima de Jesus entrando no meu quarto, aproximando-se de mim, tomando minhas mãos entre as suas, olhando dentro dos meus olhos. Não pronunciou nenhuma palavra, mas em seu rosto tão lindo e sereno, em seus gestos tão suaves, no seu sorriso tão doce, havia a paz que eu precisava.

Minha alma se aquietou, meu coração se encheu de luz e definitivamente eu fiquei em paz.

É uma emoção indescritível, tão profunda e intensa, quando num momento único se vivencia uma experiência espiritual em tempo real.

É o Pai que não abandona um filho seu, cumprindo a promessa: "Estou contigo em todos os dias da tua vida."

Eu creio que, quando nossas mãos se unem em oração, enlaçadas com fervor, quando assumimos nossa condição de filhos e chamamos Deus de Pai, com reverência e amor, encontramos aquilo que está além do nosso alcance. Como alguém já disse antes, "a oração é a força do homem e a fraqueza de Deus."

Eu posso dizer, recebi a visita de Jesus no leito do hospital e recobrei a esperança.

E ter esperança não é fazer de conta que não há tristeza nem dor.

Ter esperança é saber simplesmente que os problemas ficarão para trás perdendo-se lá no ontem, quando o amanhã chegar.

Ter esperança é, sobretudo, invocar a fé e a força interior que nos permite ultrapassar o portal de qualquer dor, de qualquer sofrimento.

"A esperança é o sonho do homem acordado."

A partir desse momento, também eu precisava me "abandonar" nas mãos da equipe médica, composta de profissionais altamente treinados e, com certeza, essa confiança é altamente positiva, uma vez que ela derruba as possíveis resistências que tendem a comprometer o processo. Afinal, o paciente tem de se sentir parte da "equipe" e não trabalhar contra ela.

Foi uma manhã difícil, mas de emoções e experiências preciosas.

Lá pelas 11 horas a enfermeira me deu aquele comprimidinho azul que faz a gente dormir – o Dormonid.

Lembro que já começava a ficar sonolenta quando a Dra. Dolores chegou para ficar comigo e, como havia me prometido, assistiria à cirurgia e acompanharia minha recuperação.

E foi nesse momento que ela colocou na minha mão aquela pétala de rosa colhida lá em Nova Trento no altar da Madre Paulina.

Na verdade, eu já não queria mais falar. Tudo já havia sido dito, então expressei toda a emoção daquele momento através das lágrimas que vertiam abundantes.

Dolores ficou ali, na minha cabeceira, segurando minha mão por muitas horas e, lentamente, eu fui adormecendo, agora sem medo, sem ansiedade, mas tranqüila, em paz.

Muito tempo se passou, disseram-me que umas três horas, e eu comecei a voltar daquele sono, mas só por breves momentos, voltando a dormir. Não conseguia me manter acordada.

Percebi que havia muitas pessoas no quarto e que, aos poucos, tentavam se comunicar comigo.

Lembro da Dulce, da Angela, da Clarmi, do meu pai. A Dolores continuava lá e tentou me explicar que a minha cirurgia havia atrasado, por isso eu ainda estava no quarto.

Muito tempo passou, ainda ouvia a voz das pessoas que estavam ali, só não conseguia me concentrar no que diziam.

Mas isso me trouxe muita tranqüilidade, saber que aqueles que eu amava estavam ali, junto a mim.

Finalmente comecei a ficar mais desperta, penso que, pela demora, o efeito do comprimido começou a diminuir e, quando, enfim, vieram me buscar para levar ao centro cirúrgico, já eram 16 horas e eu estava totalmente acordada, mas com as emoções amordaçadas, pelo efeito químico do remédio, impedindo que o medo, o desespero e a ansiedade se manifestassem.

Acredito que nada acontece por acaso e que para tudo existe um propósito.

Refiro-me ao atraso da cirurgia que estava marcada para as 13h30 e foi realizada às 16h30.

Como já quase havia passado totalmente o efeito da medicação, eu praticamente estava alerta, pude fazer o caminho até o centro cirúrgico totalmente consciente do que ia acontecer e vivenciar aquele momento de uma forma participativa e, por isso mesmo, mais saudável.

Lembro-me que criei uma cena muito especial para aquele momento.

Imaginei, enquanto os enfermeiros conduziam a maca pelos corredores, que todos aqueles que eu amava e me queriam bem torciam pelo sucesso da cirurgia, os meus alunos do terceirão (com a rosa na mão) estavam ali, perfilados no corredor, acenando, sorrindo, enquanto eu ia sendo conduzida ao centro cirúrgico, não mais por um corredor frio, mas por um corredor ladeado de gente, tanta gente que seria impossível aqui nomear cada uma.

Ao longo daquele corredor humano, passei diante de tantos rostos queridos, amigos.

Hoje não consigo imaginar uma forma mais especial, mais saudável, mais fraterna do que essa que eu vivi para me conduzir ao centro cirúrgico, e lá cheguei condecorada, iluminada pelos sorrisos, pelo amor que recebi.

Levei comigo para a cirurgia pensamentos de amor e ternura, atitudes positivas, consciente do que ia acontecer, mas com a certeza da superação, afinal, eu não me sentia sozinha.

Tudo o de que me lembro no centro cirúrgico e que guardo como única imagem é do rosto da Dra. Dolores, olhando para mim e segurando minha mão, já vestida com a roupa do centro cirúrgico. E aquele rosto sereno e aqueles olhos profundos me disseram tanto e então eu fui embora... não sei para onde nem por quanto tempo.

Quando eu "voltei", já era madrugada do outro dia, e eu estava no meu quarto e me sentia tão mal, tinha voltado, mas não conseguia ficar, não conseguia sair daquele torpor. A transição do acordar da anestesia geral é simplesmente indescritível, inacreditavelmente horrível.

Então consegui perceber que a Dulce estava comigo, atendendo meu vômito.

Voltei para aquele lugar onde havia estado, mas não queria ficar lá.

Ficou tudo escuro, não sentia mais nada.

Acordei novamente, mas a sensação era horrível.

A Dolores estava ao meu lado, eu queira ficar, mas era tão difícil. Sentia sua mão segurando a minha, tentando me trazer de volta. Foram horas de luta para vencer o torpor, fazer a passagem e ficar do lado de cá em definitivo.

Quando consegui permanecer um pouco mais acordada, Dolores conversou comigo, e me lembro de ter visto em seus olhos tanto sofrimento, no seu rosto tanto cansaço. E tentei dizer pra ela como era bom saber que o tumor tinha sido tirado, que já não existia mais, que já não era mais parte de mim.

E nos deixamos ficar ali, e um silêncio precioso foi compartilhado.
Existem momentos em que nada precisa ser dito, pois tudo já foi sentido, expresso.
Esse era um desses momentos.
Pedia que ela fosse descansar, afinal ela já estava ali há mais de quinze horas.
Queria pedir igualmente que a Dulce dormisse um pouco, pois ela também já estava ali na minha cabeceira há muito tempo.
Eu me sentia muito mal, com náusea, e não conseguia atravessar o portal que me livrasse daquele estado de semiconsciência, amordaçada por aquele torpor. Sempre que abria os olhos, a Dulce estava ali, do meu lado, isso me dava segurança, pois eu sabia que independentemente do tempo que ficasse "fora", quando eu voltasse ela estaria ali me esperando. A Dulce é magnânima e tem um pouco de eterno.
Foram muito breves os momentos de consciência e longos os momentos de ausência, até que, de repente, eu fiz a passagem, agora em definitivo, eu sabia que não voltaria mais para aquele "lugar" onde havia estado.
Abri os olhos e via a Dulce e a Angela ao meu lado.
Era bom estar de "volta". Queria saber do tempo, e a Angela me disse que passava um pouco do meio-dia.
E ela ficou ali durante muito tempo, segurando a minha mão e eu me sentia segura, acolhida. Dormi, acordei e ela permanecia ali e sua presença me fez tanto bem, me trouxe tanta paz.
O resto daquela tarde foi agradável, eu já me sentia bem melhor, mais animada.
O dreno incomodava um pouco, mas, sem dúvida, o que nos devolve a dignidade e recupera a nossa confiança

depois de uma cirurgia é o primeiro banho. Que delícia, que bom, que bom, é como se sentir vivo de novo.

No fim da tarde, meu anjo da guarda voltou, atendendo pelo nome de Dra. Dolores, trouxe mais alegria e confiança, mostrou-se entusiasmada com minha recuperação e sentou-se comigo à mesa para a primeira refeição após 48 horas.

Apesar da minha dificuldade de comunicação – minha voz era muito baixa e fraca – fiz piada do cardápio: peixe, abóbora e repolho cozido.

O esperado de um jeito inesperado

Os primeiros dias após a cirurgia foram difíceis, especialmente em função da dificuldade de falar, além do incômodo daquela grande incisão no pescoço. Deixei o hospital dois dias depois da cirurgia. É maravilhosa a sensação de voltar pra casa, isso nos devolve a segurança, recuperamos nosso referencial.

Penso que os dois momentos mais especiais depois da cirurgia são o primeiro banho, que nos devolve a dignidade e nos dá a sensação do "começar de novo", e a volta pra casa: nada se compara ao conforto do nosso quarto, da nossa cama, das nossas coisas...

Eu estava agora vivendo a terceira etapa da cirurgia: o depois.

Penso que nessa etapa a responsabilidade do paciente é muito grande. Afinal, a equipe médica já fez seu trabalho com esmero e competência.

Cabe ao paciente seguir as orientações, adotando com rigor procedimentos que assegurem a sua recuperação.

Cabe ao paciente permitir-se um período adequado de recuperação, não somente no aspecto físico, do local ou órgão operado, mas também, igualmente, do ponto de vista emocional.

É de toda conveniência que o paciente não esqueça que submeter-se a uma cirurgia significa suportar uma situação estressante, um desgaste emocional dos mais difíceis.

Portanto, o paciente deve permitir-se o tempo necessário a sua total recuperação, tanto física quanto emocional.

Procurando seguir rigorosamente essa máxima, cuidei igualmente do físico e do emocional, fazendo exercícios de relaxamento, dormindo longos períodos, mas, sobretudo, ocupando minha mente com pensamentos positivos, exercitando a afetividade, solicitando apoio, pedindo ajuda...

Acredito que a época foi muito propícia, contribuindo para minha recuperação: era a semana de Natal, tempo em que todos declaram seus propósitos de paz e fraternidade, o que acaba por renovar a energia que nos cerca.

Penso que, nos tempos da adversidade, temos nossa capacidade de superação desafiada e acabamos por reinventar situações e atitudes de uma forma maravilhosa.

Foi assim que, naquela semana, o Jânio "salvou" o nosso Natal.

Com tantos momentos difíceis para serem superados, com prioridades absolutas relacionadas à cirurgia e a minha recuperação, não houve tempo para as tradicionais compras de Natal.

Meus filhos, inclusive, já tinham verbalizado que isso não tinha a menor importância e que, na verdade, o que importava é que eu estivesse bem.

Mas quem pode contar com o Jânio corre o risco de ser surpreendido.

E foi isso mesmo que ele fez: organizou um "amigo secreto".

Isso mesmo, ele fez um "amigo secreto" entre nós: Jânio, Glácia, Milena, Emanuel e Vinícius. Distribuiu para cada um

R$ 50,00 e nos separamos dentro do shopping, cada qual com a responsabilidade de comprar um presente para o "seu amigo", mas todos de olho em mim. Milena assumiu a tarefa de me acompanhar e, discretamente, me dar a liberdade de comprar o meu presente.

Foi um momento muito especial.

A hora de revelar o "amigo secreto" acabou sendo uma declaração de amor de um para o outro e todos acabamos chorando, porém, mais do que nunca, saímos daquele momento medalhados, condecorados de carinho, de afeto.

Foi um momento tão especial que no ano seguinte as crianças pediram para repetir o "amigo secreto".

Viver é isso: trocar, partilhar, compartilhar, amar, sem limites ou convenções, sem regras ou etiqueta, mas se permitindo dar ao "novo" e ao "inesperado" uma oportunidade.

Os dias que se seguiram foram iguais e monótonos, mas precisavam ser vividos assim, para que, de verdade, eu pudesse recuperar o meu físico e o meu emocional.

Foram dias muito difíceis, pois o fantasma do câncer estava ainda muito presente.

Aguardávamos, com muita ansiedade, o laudo anatopatológico feito no órgão retirado, pois fui submetida à tireoidioctomia total (retirada total de tireóide).

O resultado desse exame, que na verdade é uma biópsia, diria se a área afetada havia extrapolado ou não a tireóide.

Os dias passavam tão devagar, arrastavam-se... As horas mais difíceis eram as do fim do dia.

Acompanhar o sol se pondo e dando lugar à escuridão é por demais deprimente.

Por vezes, eu não sabia se a tarde entristecia junto comigo... ou se eu entristecia junto com a tarde...

Mas uma coisa é certa: não importa quão escura é a noite, a luz sempre volta a brilhar e, com ela, o nosso ânimo. Renovam-se as esperanças.

E, assim, muito devagar, os dias foram passando.

Já não havia mais necessidade de colocar bandagem sobre o corte, e a cicatriz, grande e visível, não exigia tantos cuidados.

Minha voz continuava muito fraca e a dificuldade de comunicação ainda era bastante grande.

Na verdade, a recuperação da voz é muito lenta e gradativa. A recuperação total levou seis meses, porém a voz nunca mais voltou a ser a mesma.

Percebo ainda mais essa limitação durante uma palestra, por exemplo. Meu tempo de explanação oral está mais limitado, mesmo assim exigindo muito esforço.

Finalmente chegou o dia da consulta de retorno com o cirurgião.

E foi nessa consulta que o Dr. Damerau entregou o laudo anatopatológico, tão aguardado e tão temido.

E, maravilhada, ouvi Dr. Damerau me dizer que o laudo atestava "margens livres", ou seja, o tumor era localizado, não havia se espalhado.

Após um exame minucioso do meu pescoço e atestando que estava tudo muito bem, entregou-me o laudo e solicitou que eu retornasse dali a trinta dias para a última consulta, quando então ele iria me liberar em definitivo.

Agradeci por todo o carinho e atenção, registrei o privilégio e a segurança de ter contado com sua competência e extraordinária bondade, tratando-me como um indivíduo que vive um momento excepcional de dor e sofrimento e não como rotina cirúrgica.

Beijei suas "mãos de luz" e pedi a Deus que o cobrisse com seu manto protetor, para que ele pudesse ser para todos os que sofrem o que ele foi pra mim: esperança.

Deixei o seu consultório e fui marcar o meu retorno. Estava ainda aguardando ser atendida, quando a porta do consultório voltou a se abrir e Dr. Damerau me chamava e dizia:

– Filha, entreguei o laudo errado pra você.

E mostrando-me um laudo em sua mão dizia:

– O seu laudo está aqui. Te entreguei o laudo de um outro paciente. Por favor, me devolva.

Olhei o laudo que ele tinha em mãos, e, realmente, era o meu nome que estava lá.

E imediatamente compreendi o que tinha acontecido, pois o laudo que Dr. Damerau havia me entregado também era meu.

E, sorrindo, abri minha agenda e mostrei-lhe que eu havia recebido o laudo correto.

Dr. Damerau, muito surpreso, não compreendia o que tinha acontecido e, ao ler o laudo, pediu que eu acompanhasse no outro a leitura, para conferir se era o mesmo texto.

O texto era o mesmo.

Só as datas eram diferentes.

– Eu não compreendo, disse Dr. Damerau.

– Mas eu sim. O senhor lembra que a Dra. Dolores passou um fax e ligou pedindo que o senhor não me falasse nada, pois eu não sabia que o tumor era um câncer?

E o senhor lembra que, logo depois, eu entrei no seu consultório e, junto com os exames, estava o tal laudo que eu "deveria" desconhecer"?

Naquela oportunidade Deus providenciou dois laudos para que eu viesse a saber que o tumor era um câncer, porque, com certeza, tenho muito o que aprender a partir dele.

    Hoje, Deus fez a gentileza de "providenciar" dois laudos, para mostrar duas vezes que eu não tenho mais câncer.

    E emocionado Dr. Damerau me disse:

– Filha, a tua fé me emociona. Vai em paz.

    E, assim, eu recebi o laudo tão esperado de um jeito inesperado.

Para sempre uma aprendiz

Vivemos hoje na chamada "sociedade da informação", que nos cobra competências e habilidades que até há pouco não eram requeridas.

Mas esse "admirável mundo novo" nos impõe um ritmo estressante, alucinado, que, paradoxalmente, separa, divide, silencia, aumentando a solidão – aquela que te faz sentir sozinho mesmo rodeado de gente. É um mundo extremamente individualista, egoísta.

A tecnologia passa a falsa idéia de progresso e modernidade, quando na verdade nos aprisiona e robotiza, absorvendo ainda mais o nosso tempo e monopolizando nossa atenção.

Ainda não nos demos conta que trabalhamos cada vez mais, com menos qualidade de vida, escravizados pela tecnologia.

Somos seres preocupados em agir, fazer, resolver.

Perdemos nossa identidade contemplativa. Não temos tempo para "perder tempo", nossa agenda não tem lugar para a adoração, para o louvor, para a admiração, o agradecimento, a observação, o silêncio, a emoção, o sentimento.

É preciso resgatar urgentemente essas vivências, porque são elas que nos dão o verdadeiro chão e sentido a nossa existência.

Precisamos reaprender a arte da contemplação, aquele precioso instante em que nos colocamos em silêncio diante do Universo, agradecendo e adorando, sintonizando-nos com o Criador.

A partir dessa minha experiência com o câncer, pude ver, analisar e sentir uma necessidade urgente de mudar.

Comecei por me questionar para onde tinha me levado a pressa, a maldita pressa que me fez correr para buscar um lugar no futuro. Que futuro?

Onde ficaram meus sonhos?

Bem guardados em várias gavetinhas do meu coração. E agora não sei o que fazer com eles.

Percebi, estarrecida, que em algum lugar do caminho deixamos de ser alunos da vida, porque nos achamos prontos e nos contentamos com nossos pontos de vista distorcidos e limitados.

Mas é preciso aprender sempre.

Estamos cercados pelo extraordinário. É preciso ter os olhos e o coração bem abertos, disponíveis para ver e sentir. Ver o novo, o diferente; sentir as emoções e as sensações daquilo que nos cerca.

Esta é a diferença básica entre o pintor de parede e o oftalmologista. O pintor pinta a parede da cor que ele quer que você veja. O oftalmologista cuida para que seus olhos vejam bem a cor que a parede tem.

Precisamos cuidar de nós mesmos, para enxergarmos além do óbvio, daquilo que querem que vejamos.

Olhar com os olhos do coração é um jeito novo de ver a vida.

Outro dia li, não sei onde, que, em meio a um caminho

muito freqüentado, sobre uma pequena colina, estava edificada uma bela casa.

Não tardou para os passantes, ao se encontrarem, referirem-se àquela bela casa.

E uns diziam a "casa amarela", outros contestavam e diziam que era "verde". Havia, ainda, os que diziam que era "azul" e, pasmem, tinha também quem jurasse que a casa era "branca". Depois de muita discussão, desvendou-se o mistério. Eis que o proprietário, querendo ensinar aos transeuntes uma lição, pintou cada um dos lados da casa de uma cor.

Dependendo do ângulo em que era vista, realmente as paredes apresentavam cores diferentes.

O que isso quer significar?

Que um mesmo assunto, uma mesma questão, pode ser analisada de ângulos diferentes e, conseqüentemente, ter também respostas diferentes.

A história ensina também que, mesmo aquilo que nos parece óbvio e certo, pode apresentar alternativas.

Tudo sempre pode ser visto em perspectivas diferentes e nada é estanque, acabado, finalizado, encerrado.

Quando fiquei mais experiente em viver a vida assim, pude aceitar com mais tranqüilidade o "inesperado", o "diferente"; pude identificar melhor o "extraordinário". Isso aumentou minha compreensão e me possibilitou reunir, examinar e utilizar informações que poderiam mudar a maneira como eu vivia a vida. Aprendi que eu podia fazer escolhas. Aprendi a avaliar as possibilidades.

Isso faz muito sentido quando nos colocamos como aprendizes, na condição de alunos da vida, prontos para absorver a lição.

Sem dúvida, essa foi uma condição fundamental para que eu pudesse aceitar e, mais que tudo, beneficiar-me dessa experiência tão rica, tão intensa, extraindo cada ensinamento com a mesma destreza com que o mergulhador traz à superfície a pérola escondida na ostra.

Mas sei que essa experiência de ser aprendiz, aluna da vida, precisa continuar, porque existem ainda inúmeras lições para serem aprendidas.

E essas lições são tão preciosas, exatamente porque são experiências que só se adquirem ao viver.

Elas são fruto de um aprendizado real, cujo conteúdo é o resultado de vivências, sentimentos, emoções que precisam ser vivenciadas.

Eu diria que é como a visão privilegiada do alpinista que contempla o mundo lá de cima da montanha que acaba de escalar: o que ele contempla só ele pode visualizar, porque muito mais do que a visão da paisagem, ele tem ainda vivas as lembranças das dificuldades e delícias da escalada.

O alpinista tem a forte emoção da conquista, da vitória, do triunfo, da auto-superação.

Só ele sabe a dor e a delícia de ter chegado lá.

Por isso, a visão dele é única.

Quem não deu cada um de todos aqueles passos que o levou ao alto da montanha, não poderá ter, jamais, a compreensão do que o alpinista sente ao olhar lá de cima.

Às vezes me sinto como uma alpinista.

O caminho foi íngreme, difícil, sofrido, choroso. Tive medo. Mas o medo não é sinal de covardia, ao contrário, a partir dele podemos mostrar nossa bravura, e eu continuei.

Enfrentei o diagnóstico, agüentei a cirurgia e superei o câncer.

Hoje, quase não importa mais a subida difícil.

O que conta é a visão do "alto da montanha", a cura, ter "sobrevivido" de forma tão inteira.

E afirmo: foi o ensinamento mais precioso que a vida me deu; a experiência mais rica.

Contemplando a vida do "alto" de uma experiência como essa, só posso dizer que valeu a pena: eu fui presenteada com um câncer que me possibilitou um jeito novo de ver as coisas, a vida e as pessoas.

Muitas pessoas ficam chocadas em me ouvir pronunciar a palavra câncer, outras, horrorizadas, pedem que eu não fale mais sobre isso, que já passou. É imperativo que se mude de atitude. Falar sobre câncer é aprender a conviver com a dor humana, sem pudor. Além do que, falar sobre câncer estimula a prevenção e, conseqüentemente, o diagnóstico precoce.

Mais do que tudo, preciso falar para propagar minha cura, mostrar a bondade infinita do Senhor.

Não quero ser como os leprosos que Jesus curou e sequer voltaram para agradecer.

Afinal, falar sobre o câncer não o transmite, não o propaga. Ao contrário, enfrentá-lo com coragem, criando uma atitude positiva, combinando disposição de expressar emoções a um espírito de luta tem um efeito inegável sobre a qualidade de vida de qualquer paciente, com qualquer doença.

É claro que a decisão de divulgar ou não um diagnóstico de câncer ou de qualquer outra enfermidade é da esfera da mais absoluta privacidade.

Particularmente, penso que a dor não precisa ser solitária, se existe a possibilidade de ser solidária.

O câncer está sempre associado a dor e sofrimento. Nem sempre é assim tão devastador, especialmente se for diagnosticado precocemente, e isso só vai acontecer se ele for enfrentado, falado, citado, nominado. Mais que isso, o câncer também se combate com informação.

O câncer é quase sempre dor, sofrimento e morte, porque é descoberto tardiamente. Por isso, é preciso falar dele, encará-lo.

A atitude mais perigosa é ignorá-lo, pois ele não poupa nem os desatentos.

Falar no câncer abertamente, considerá-lo como possibilidade, buscar a informação, a prevenção, é estar um passo à frente e, quanto mais cedo diagnosticado, maior é a possibilidade de cura.

Essa é uma das razões principais que me levaram a tornar pública minha experiência com o câncer.

Que você possa se beneficiar da minha vivência e isso, mais que tudo, mostrará que minha dor valeu a pena.

Mudar é preciso

Mudar é preciso, mas não é fácil.
Quando se passa por um diagnóstico de câncer, automaticamente se faz uma revisão crítica da vida, questionando valores, colocando em xeque atitudes e opiniões.
Apresentamos uma resistência natural a mudanças, exatamente porque elas comprometem a nossa segurança psicoemocional, porque mudar significa "abraçar" o novo, o desconhecido.
E é muito mais cômodo continuar fazendo aquilo que "fazemos tão bem", mesmo que, daquele jeito velho, viciado, acomodado. Mudar significa olhar a vida de outros pontos de vista que não somente o nosso.
Mudar significa dar ao novo uma oportunidade.
A minha mudança aconteceu primeiro, a partir do questionamento do meu modo de viver.
De repente me dei conta de que eu era uma pessoa extremamente tensa, preocupada, que encarava a vida com muita seriedade, vivendo situações adversas com muita intensidade.
Percebi que isso me transformou numa pessoa estressada, que fala rápido, pensa rápido, age rápido, exigindo "tudo para ontem".

E, sem dúvida, fica evidente que esse modo de vida estressante acaba por afetar o estilo de vida, que, por sua vez, exerce grande impacto sobre a saúde.

Tomar consciência do que nos acontece, colocar atenção naquilo que fazemos, em como o fazemos e por que o fazemos, avaliar e saber que sempre se tem possibilidade de escolha, é o segundo passo que nos leva à mudança.

Mas esse é um processo lento e demorado. Não acontece de um dia para outro.

Mesmo porque temos de desaprender modos, estilos enraizados, e não existe mágica que nos livre dos grilhões de velhos condicionamentos.

O segredo é pôr atenção, ficar alerta mesmo, concentrar muita força na vontade de mudar.

Nesses dois anos, desde o câncer, eu já consegui alguns progressos.

Até mesmo pelo despertar da minha consciência, pela valorização da vida, hoje sou uma pessoa mais tranqüila, que procura viver intensamente o hoje.

Percebi que nossas relações pessoais são basicamente o resultado da ação x reação, ou seja, minha ação vai automaticamente provocar uma reação.

Se minha ação for tranqüila, equilibrada, delicada, carinhosa, amigável, respeitosa, amistosa, com certeza a reação, em tese, será igualmente equilibrada.

Aprendi a "perder tempo", a curtir a brisa no rosto, a olhar o pôr-do-sol, olhar o mar, ouvir o canto dos passarinhos, olhar a lua e as estrelas, prestar atenção às pessoas e dizer-lhes o quanto gosto delas, telefonar só para saber como estão aqueles que amo, estar mais "junto" dos meus filhos, a não ter tanta pressa; aprendi a contemplar, a chorar de alegria, a adorar, a louvar, a agradecer.

Mas, sobretudo, aprimorei minha relação com Deus: reaprendi a rezar. Percebi que Deus me dera tudo de que eu precisava para viver e viver bem, inclusive de superar o câncer.

Sem dúvida, um dos fatores que contribuíram para a melhoria da minha qualidade de vida, diminuindo consideravelmente meu nível de estresse, foi a consciência de que não sou responsável por tudo que me cerca, que tenho direito de errar, que sou humana e imperfeita.

Aprendi a "curtir" o hoje. O amanhã, se vier, é lucro.

Isso me permite um olhar mais apurado sobre coisas e fatos que facilmente passam despercebidos no corre-corre do dia-a-dia.

A partir do câncer, eu fiquei mais ousada, fui deixando pelo caminho muitos medos, fiquei muito mais seletiva.

Aumentei meu entusiasmo pela vida, pelas pessoas, aprendi a não deixar mais nada para depois.

Elegi o "agora" como o momento mais importante, pois ele me permite agir, fazer, dizer.

A vida é tão preciosa e é para ser vivida, mas é tão breve e imprevisível que, se eu for esperar o momento certo, o tempo mais adequado, pode não haver mais tempo, e é triste demais morrer inacabado.

O caminho do câncer foi difícil e doloroso demais, para abandonar ou ignorar o que aprendi.

Para tudo isso realmente ter valido a pena, preciso encontrar um caminho mais simples e mais fácil, que torne minha vida mais doce.

Aprendi que viver é uma delícia, quando aprendemos a deixar o excesso de peso (preocupações, preconceitos, egoísmo, ansiedade, rivalidade...) ao longo do caminho e temos a coragem de levar só a essência.

O preconceito

Foi muito difícil, desde o início, encarar o diagnóstico de câncer. Mas, na verdade, eu tinha um problema adicional no meu enfrentamento: o medo irracional que eu tinha de doença. Desde as mais remotas lembranças da minha infância, passando pela adolescência e até mesmo na idade adulta, minhas memórias estão recheadas de episódios que registram o meu medo exagerado de doença. Minha mãe sabia disso mais que ninguém. Esse medo, esse pavor, fez-me desenvolver um acentuado preconceito com relação às pessoas que tinham uma doença, mesmo aquelas que não ofereciam risco de contágio.

Esse medo me levou a desenvolver uma verdadeira neurose, que acabou se transferindo também para circunstâncias menos graves, como cortes, feridas, qualquer procedimento que envolvesse sangue. Entrar num hospital era um verdadeiro suplício. Colher exames no laboratório era uma novela.

Esse permanente estado de vigilância acaba, às vezes, transformando-se em momentos de extremo estresse, ou em cenas cômicas.

Lembro-me de que, em certa oportunidade, meu filho Emanuel sofreu um acidente com a bicicleta, e levei-o à emergência do hospital. Desempenhei bem o meu papel de fiscal, fiz tantas perguntas e tantas exigências sobre o material ser todo esterilizado, descartável, fiz restrições ao uso de medicamento que eu não tinha visto ser preparado, não aceitei deitá-lo sobre o lençol que já estava na maca, exigi que o médico trocasse as luvas... De repente o médico parou tudo, ergueu os braços e disse:

– Minha senhora, eu não sou descartável, serve?

E eu respondi: – Se trocar as luvas serve.

Reconheço que estar atento, vigilante, mais que um dever é um direito que precisa ser exercido na sua plenitude por cada cidadão, e cada vez mais.

O que na verdade me incomodava muito é que o meu medo de doença virou uma obsessão que me fazia sofrer porque discriminava as pessoas.

E eu tinha consciência dessa discriminação racionalmente.

Mas por mais que lutasse não conseguia nenhum progresso emocional.

E como o destino é irônico: para quem tinha horror às doenças, ter um câncer foi um golpe horrível.

Ainda lembro do choque de me olhar no espelho, olhar para mim mesma, olhar nos meus olhos e enfrentar aquela sentença: eu tenho um câncer.

Outro choque horrível foi ter de tomar banho e me tocar.

Pode parecer loucura, mas foi a mais dura realidade.

Foi uma lição e tanto, a um preço quase insuportável, aliás, tive de pagar na mesma moeda.

Mas esse enfrentamento tão duro pelo menos quebrou o tabu.

Confesso que, apesar da ironia, do "olho por olho, dente por dente", foi um tremendo ganho, uma espécie de antídoto, quase que uma vacina.

Mas a lição ainda não tinha terminado, ainda não estava completa.

Eu ainda precisava viver mais profundamente esse aprendizado, para fixar bem o significado da lição, para superá-la em definitivo.

Passada a cirurgia, até hoje, ainda encontro pessoas que agem comigo com o mesmo preconceito que eu tinha com as pessoas no passado.

Algumas pessoas, por exemplo, têm uma dificuldade enorme de me abraçar e quando o fazem é aquele abraço "frouxo", como se isso as protegesse; outras, quando falam comigo, disfarçadamente colocam a mão sobre a boca; outras, ainda, ao falarem comigo, constantemente recuam, tentando manter uma distância "segura".

Quando isso acontece, sempre respeito o medo das pessoas e jamais tento forçá-las a uma atitude que, eu sei, vai fazê-las sofrer, exatamente como eu sofri um dia.

No início, isso foi um choque.

Sentia-me alvo do mesmo preconceito que um dia eu praticara.

E não existe lição mais doída.

Hoje não me causa mais tristeza, pelo contrário, essa situação me possibilita exercitar as virtudes da tolerância, da compreensão, afinal, é tão humana...

Não consigo deixar de ter pena dessas pessoas pelo sofrimento adicional que elas impõem aos seus dias.

Preciso dizer, também, que a minha mudança de atitude não foi imediata, o preconceito, o medo não desapareceram num passe de mágica, apesar de eu ter sido submetida a um tratamento de choque.

Levei tempo para "desaprender" aquelas velhas atitudes, aqueles condicionamentos.

A partir de todo aquele confronto, foi preciso me apropriar daquela lição, por inteiro, e, a partir daí, foi um enorme exercício de aceitação do outro, com sua doença, com sua dor.

Acredito que um conjunto de fatores me possibilitaram essa evolução, esse crescimento: estar disponível para os sinais de Deus e para os milagres da vida; ser psicoterapeutizada e aluna da vida, tendo adquirido suporte para identificar minhas mazelas pessoais e, sobretudo, ter conseguido a segurança psicoemocional para lidar com essas limitações e até superá-las.

E a vida continua...

Durante todo o tempo em que lutei com a dor de enfrentar o diagnóstico de câncer, parecia-me ter um caminho traçado, pronto, que precisava ser percorrido. As decisões eram óbvias, indiscutíveis: existe um tumor, faz-se uma biópsia, retira-se o tumor, por segurança extirpa-se toda a tireóide.

São todos procedimentos comuns, rotina médica, eu diria. A mim cabia a tarefa de absorver tudo isso, reunir forças e encontrar coragem, e, na medida do possível, manter o equilíbrio psicoemocional.

Penso ter passado por todo o processo de forma muito saudável, assumindo o medo, encarando a ansiedade, registrando a dor, solicitando ajuda, mas sempre buscando uma estratégia que maximizasse o meu conforto e me possibilitasse o senso do controle, a decisão de ser uma paciente ativa, que participa de todo o processo, assumindo responsabilidades acerca do meu tratamento.

E acredito ter feito o meu melhor possível.

Mas confesso que, para mim, a cirurgia encerrava em definitivo esse capítulo, ou seja, tumor extirpado, livre do câncer, hora de virar a página.

Ledo engano. Ainda não virei a página e não poderei fazê-lo tão cedo, pelo menos não antes que se completem cinco anos, tempo limite de controle rigoroso, durante o qual se teme a recidiva, ou seja, o reaparecimento da doença.

Toda a dor, todo o sofrimento vivenciado naqueles dias de descoberta do tumor, da confirmação do câncer, a cirurgia, em nada minimizaram o enfrentamento que eu ainda tinha de fazer.

De modo algum eu estava preparada para o que ainda me aguardava.

A partir da cirurgia, não havia mais um caminho pronto, traçado.

Pelo menos pra mim, não estavam claros os procedimentos a serem adotados, quais seriam as dificuldades a partir desse momento. Eu fui tendo que descobri-los aos poucos, via de regra, a partir de sintomas que me limitavam e incapacitavam para levar uma vida normal.

Foi um choque descobrir o quanto é difícil viver sem tireóide. Ninguém me falou sobre as limitações físicas de viver sem a glândula. Tudo sempre foi colocado de uma forma simplista: tira-se a tireóide e assunto encerrado. Não! Nada estava encerrado. Ia começar outra batalha.

Na verdade, ficou faltando uma boa conversa, daquelas esclarecedoras, que me situasse dentro dessa nova realidade, que me ajudasse a compreender esse momento.

A dificuldade estava exatamente em não saber o que vinha a seguir. E eu não compreendia o que acontecia comigo e, pior que tudo, não me sentia compreendida em minhas queixas.

A impressão que eu tinha era que os sintomas e as queixas eram minhas e não estavam associadas ao meu quadro clínico, uma vez que o endocrinologista não se posicionava e tentava me convencer de que estava tudo bem.

Logo após a cirurgia, passados vinte dias, tive de fazer um exame chamado PCI (pesquisa de corpo inteiro).

Para fazer esse exame, ingere-se uma dose de contraste radioativo e, através do sistema de captação, um aparelho faz a leitura do corpo inteiro.

Somente após a realização desse exame é que eu pude começar a fazer a reposição hormonal.

O grande susto aconteceu quando fui buscar o resultado do laudo que dizia: *ausência de metástase*.

Foi nesse momento que me dei conta que meu processo não tinha se encerrado com a cirurgia.

Foi um choque.

Primeiro porque eu não imaginava que o exame de PCI era para procurar metástase, ou seja, temia-se o aparecimento de um foco secundário, a distância, a evolução de um tumor maligno.

Assim, no susto, fiquei sabendo que teria de repetir esse exame de seis em seis meses, durante cinco anos.

Gostaria que me tivessem falado.

Lamento profundamente que os especialistas que me acompanhavam não estivessem disponíveis para perceber que eu necessitava de informação, que eu não era uma paciente passiva, esquiva.

Ao contrário, sou uma paciente ativa, vigilante, que necessita reunir informações acerca do seu diagnóstico, que se propõe a desempenhar sua parcela de responsabilidade nas decisões e procedimentos do tratamento.

Penso que em nenhum momento deixei de registrar minha confiança no profissional médico, mantendo sempre um nível de conversação aberto, equilibrado, expressando com tranqüilidade os sentimentos, fazendo observações procedentes acerca do tratamento, das medicações, dos sintomas, das reações, falando sem rodeios dos medos, das dúvidas, das ansiedades.

Sendo paciente ativa, sempre enriquecia nossas entrevistas com muitas informações, junto de uma observação apurada e de um olhar atento de quem se sente co-responsável pelo diagnóstico e tratamento.

Mais do que observar, fui buscar informação e tornei-me "especialista" no meu problema. Procurei informação na literatura médica e *on-line* por computador. Isso me possibilitou ainda mais enriquecer meu conhecimento acerca do que acontecia com meu organismo.

Por outro lado, isso acabou se transformando num fator dificultador na hora de conversar com os especialistas, pois muitos deles não estavam prontos para ouvir tantas observações detalhadas acerca das minhas reações orgânicas, que nem sempre faziam parte das estatísticas e dos relatos dos seus compêndios médicos, nem sabiam lidar com uma paciente que queria "discutir" o diagnóstico, a medicação, que fazia observações acerca dos procedimentos, que trazia leituras do seu quadro clínico que eles não estavam disponíveis para compreender, pois fugia da sua prática médica tradicional.

É claro que sempre fui muito polida, permitindo-me expressar sentimentos, pontos de vista, observações, argumentando, levantando evidências, sem nunca perder a elegância, sem agressividade, acima de tudo, respeitando o profissional.

O que na verdade me incomodava era a falta de resposta às minhas dúvidas e, sobretudo, o alto preço que paguei por longo tempo, não encontrando compreensão para minhas queixas físicas que, obviamente, por não serem consideradas, não foram resolvidas, e também pelo abalo emocional que isso acabou acarretando, uma vez que me tirou a segurança e abalou meu equilíbrio.

Minha queixa maior era a de não me sentir bem. Simplesmente não tinha forças. Já acordava cansada. O dia era um suplício. Eu não tinha energia. As tarefas mais simples eram exageradamente difíceis. Subir uma escada, andar uns poucos metros, às vezes, até falar era difícil demais. Quando eu parava, dormia. Quantas vezes dormi ao volante, na fila de um engarrafamento, na fila do semáforo. E a memória, então... Era por demais difícil ser coerente. Eu esquecia o nome das pessoas com quem estava falando. Em questões de segundos esquecia o que tinha dito, uma decisão que tinha tomado. Lutava o tempo todo para não submergir; a mim parecia que a todo instante eu ia desfalecer.

Eu vivia permanentemente com aquela sensação que antecede a perda dos sentidos, o desmaio.

Minha atenção e força de vontade precisavam ser grandiosos para me manter em pé.

Esse quadro durou o interminável tempo de um ano e quatro meses.

É tempo demais para alguém se sentir mal.

É um tempo longo demais para alguém não ter suas queixas compreendidas nem resolvidas.

Passei por muitos médicos que, ao não conseguirem acertar o diagnóstico, me "passavam" para um colega.

Fui portadora de várias cartinhas:

"Caro colega,
   encaminho a paciente Maria Glácia..."

Tomei muito remédio, e, basicamente, o diagnóstico de todos era: problema emocional.

Fui tratada como quadro depressivo, como fibromialgia, diziam que eu estava muito abalada e não havia superado o câncer, que eu precisava fazer dieta, caminhar, mas a opinião comum era a de que eu *precisava reagir*.

Assim, tão fácil, tão simples, toda a responsabilidade por recuperar meu bem-estar, minha energia, colocada sob meus ombros, como dependendo só de mim.

Isso foi arrasador, isso sim abalou meu emocional, sentia-me culpada e me cobrava uma reação.

Todo dia começava a fazer dieta, todo dia ia caminhar na beira-mar. Foram inúmeros os dias em que nem sequer conseguia sair do carro; sem forças, adormecia ali mesmo.

Aliás, eu não conseguia me manter acordada além das 7, 8 da noite. Se eu não me deitasse, dormia em pé ou sentada.

Mais difícil que tudo, era ver a reação irônica no rosto das pessoas, quando pedia ajuda e tentava dizer o quanto me sentia mal.

Depois de muito tempo, percebi porque as pessoas eram tão insensíveis diante das minhas queixas. Não havia sintomas externos que denunciassem qualquer evidência de mal-estar. Falta de energia não se mede, não se vê. E nós somos treinados para só acreditar no que vemos.

Não acontecia nenhum sinal visível.

Eu não perdia nem a cor.

Todos me olhavam, gorda, corada, aparentemente bem, não tinham dúvida em rotular como "piripaque", "ataque de frescura" e outros rótulos e, literalmente, ignoravam minhas queixas.

Aliás, isso serviu para me ensinar como temos dificuldades para compreender o que não vemos, tocamos, sentimos, mensuramos.

Penso que essa mesma leitura posso fazer com relação aos médicos que me atendiam.

Analise comigo: eu os procurava levada por meus próprios pés (nunca fui levada, carregada, nunca fui parar em emergência), sentada na frente deles, falando num bom e claro português, muitas vezes com informações demais para o que estão acostumados; gorda e corada, discordando de algumas teses, levantando outras, argumentando; com exames de laboratório apresentando resultados melhores que as referências, tentando "convencê-los" do quanto me sentia mal?

Aquilo que não se explica com relação ao físico, só pode ser emocional. Aliás, essa é uma coisa que me preocupa bastante. No passado, a medicina quase que literalmente deu as costas às doenças de fundo emocional que, quando diagnosticadas, eram separadas das manifestações físicas e tratadas como loucura.

Com a evolução extraordinária alcançada especialmente nos últimos vinte anos pelos cientistas, sabe-se hoje que se deve ter um olhar atento e concomitante aos lados físico e emocional, pois não se pode separá-los, sem determinar onde começa um e termina o outro.

"Há fartos indícios de que fatores psicológicos afetam a forma como as pessoas têm os sintomas médicos..." (*Equilíbrio Mente e Corpo*, p. 13).

São muitos os médicos que oferecem a seus pacientes um tratamento mais próximo, mostrando-se sensíveis, mas poucos se permitem ter mais tempo para ouvir o paciente, e raros são os que "têm treinamento para ajudar os pacientes a lidarem com suas ansiedades e emoções – muito embora o estado emocional de um paciente possa estar estreitamente ligado a sua saúde física e possa influenciar o desenvolvimento do tratamento e da recuperação" (*Equilíbrio Mente e Corpo*, p. 11)

No livro *Amor, medicina e milagre*, diz o Doutor Bernie Siegel: "os médicos continuam procedendo como se fosse a doença que ataca as pessoas, em vez de compreender que as pessoas é que contraem a doença, por se tornarem suscetíveis a sua causa, à qual todos nós sempre estamos expostos".

Minha preocupação aqui manifestada é a de que não se pode, sempre que não se consegue mensurar, tocar, diagnosticar como manifestação física, rotular de emocional um problema manifestado pelo doente.

Assim se passaram dezesseis meses.

Eu me sentia absurdamente só, embora nunca antes tivesse estado sob os cuidados de tantos especialistas em diversas áreas.

De uma coisa não posso me queixar: todos foram bons ouvintes ou, quem sabe, meu "discurso" é que era interessante?

Mas nada de concreto se fazia, ao menos nada que me ajudasse a melhorar.

Pegadas na areia

"Certa noite sonhei que andava pela praia com o Senhor Jesus, e no céu passavam as cenas da minha vida.

Para cada cena, ficavam na areia as minhas pegadas, ao lado das do Senhor.

Quando passaram as cenas mais sofridas da minha vida, os dias em que chorei, os dias de angústia e depressão, percebi que havia na areia só um par de pegadas.

Olhei então para o Senhor e disse:

— Senhor, tu me disseste que estarias comigo em todos os dias da minha vida. Por que então me abandonaste nos piores dias, justamente naqueles em que eu mais precisava de ti?

E o Senhor me respondeu:

— Minha preciosa filha, eu te amo! Jamais te deixaria nas horas da tua prova e do teu sofrimento. Quando viste uma só pegada na areia, foram os dias em que eu te carreguei no colo."

O bálsamo da fé

Cada vez mais a ciência estende o seu olho clínico para os inúmeros relatos feitos a partir de curas milagrosas, experiências espirituais extraordinárias, vivenciadas por pessoas do mundo inteiro.

Historicamente, o homem já desafiou Deus, tentando negar sua existência, mas acaba sempre nos braços do Pai ou vem a pagar um preço muito alto por não fazê-lo.

Não falo de práticas religiosas, mas de fé, porque não importa o caminho que escolhemos para chegar ao Pai, mas, sim, caminhar até lá.

Na verdade, a prática de uma religião permite a vivência comunitária, mas para se chegar a Deus não existem regras rígidas nem fórmulas mágicas e, quando se fica limitado a elas, deixa-se de observar os sinais que Deus espalha em nosso caminho.

Não devemos esquecer que a fé é sobretudo uma experiência prática de amor.

Quanto mais amamos, mais próximos estamos de Deus.

Porque Deus é amor, e o amor é aliviante, é um bálsamo na dor, conforto na tristeza. Os benefícios do amor, em todas as suas formas e manifestações, são inegáveis.

Para muitas pessoas, as crenças espirituais e a prática religiosa são essenciais na luta contra o câncer ou qualquer outra enfermidade.

A fé foi importante para mim, pois me ajudou a encontrar um significado para a doença.

Inegavelmente, sentimos uma necessidade imperiosa, intrínseca, de estabelecermos um elo com "um ser superior" a quem chamamos Deus, a quem podemos recorrer, e é confortadora a sensação de que ele "cuida de nós", pois seu poder transcende a nossa humanidade indo muito além da nossa limitada compreensão racional.

Na verdade, temos uma natureza espiritual, mas, racionalmente, negamos essa natureza e nos comportamos como se fôssemos apenas matéria, desprovidos de alma e espírito.

Acreditamos em Deus, mas criamos regras cômodas para essa relação e, por isso, nossa prática desmente a nossa crença.

Crer em Deus é crer no amor. A fé sem obras é vazia e é nisso que nos traímos: a falta de coerência.

Porque o amor é exigente, porque ele exige posturas.

Se atendêssemos aos preceitos do amor, não cometeríamos as insanidades que continuamos a cometer: a violência, a indiferença, o ódio, o desamor, o racismo, o apego aos bens materiais falam por si só da nossa covardia diante do amor.

Hoje se fala muito que o homem perdeu a paz, a paz interior, a paz nas relações, que, por isso, estão tão atritadas.

Mas a paz é conseqüência dos nossos atos, colhemos aquilo que plantamos.

É preciso mudar a nossa ação, promover a aproximação com o outro, ser solidário no sofrimento, compassivo, caridoso.

A redenção vem do amor e o amor nos aproxima de Deus, e, quando estamos com Deus, a paz interior se estabelece em nós.

Em todos os momentos difíceis por que passei, sem dúvida, o amor de Deus e a certeza infinita da sua misericórdia me possibilitaram um outro jeito de enfrentar a doença.

Desde muito pequena admirei a fé e a devoção de minha mãe ao Sagrado Coração de Jesus.

E, como é natural, acabou sendo também para mim a fonte de devoção, porque, mais do que tudo, o coração é o símbolo do amor. Também porque, na representação externa da sua imagem, Jesus está com sua mão estendida, como um verdadeiro amigo, numa posição de escuta, parecendo tão real, tão próximo. Quando contemplo o Coração de Jesus, sinto-me renovar e enxergo bondade, compreensão, docilidade, alegria e perdão.

Olhando para o Sagrado Coração de Jesus, compreendo melhor a vida e entendo que, vencendo a morte, ele nos deixou a motivação para a vida.

"O Senhor é meu pastor e nada me faltará."

Essa frase belíssima dá a conotação da minha fé, da confiança que tenho na bondade infinita do meu Senhor.

O Senhor me possibilitou tudo de que eu precisava para vencer a doença e superar as dificuldades.

A cada dia, por todos os dias da minha vida, vou elevar aos céus o meu louvor por todas as graças e bênçãos.

A doutora sabe-tudo

Na tentativa de encontrar ajuda, fui procurar uma especialista que me fora muito bem recomendada. Esperei trinta dias por um horário com ela.

Minha expectativa era imensa, apostava todas as minhas fichas nela, ansiando por respostas às minhas dúvidas. Precisava encontrar explicações para as minhas queixas, a minha falta de energia.

Precisava que ela me dissesse porque eu me sentia tão mal, tinha de haver uma explicação, eu sabia que havia um motivo, uma causa. Algo devia estar errado.

Eu só queria me sentir bem, e achava que isso não era pedir demais, pelo menos para quem já tinha sofrido tanto, enfrentado um diagnóstico de câncer, passado por uma cirurgia e, sobretudo, porque eu estava curada.

Eu tinha certeza de que era somente uma questão de dizer: isso está errado, vamos corrigir e você vai se sentir bem de novo.

Afinal, disseram que a doutora é uma autoridade no assunto.

Confesso que minha expectativa era muito grande, minha ansiedade também. Por isso, com certeza, o tombo foi tão grande.

Quanta decepção!

Meu Deus, mais que isso, foi um golpe cruel.

Entrei naquele consultório tão cheia de esperanças e saí tão arrasada!

Pela segunda vez, num curto espaço de três meses, eu recebia novamente o diagnóstico de que eu estava com câncer.

Eu quase caí da cadeira.

Saber a segunda vez foi pior do que a primeira vez.

Num fio de voz ainda coloquei pra ela: – Mas doutora, eu tive um câncer, eu estou curada. O tumor foi retirado. Eu tenho aqui o laudo anatopatológico que atesta margens livres. Já fiz um PCI, deu ausência de metástase.

Esse foi o discurso mais sofrido e triste que eu já fiz.

Com ele, eu estava defendendo a minha vida.

Mas, categoricamente, ela repetiu:

– Querida, sinto muito, você não teve um câncer, você tem câncer. Sinto muito, esse é o seu diagnóstico. É com ele que vamos trabalhar.

Folheou a pasta com todos os laudos que eu levei, disse que aqueles exames para ela nada significavam, que ela iria solicitar exames que seriam colhidos aqui, mas analisados em São Paulo e que me mandaria a Porto Alegre, para receber iodo radioativo no quarto de chumbo.

Foi a primeira vez, que eu me lembre, que em minha vida eu fiquei muda. Dali em diante, tive até dificuldade para responder as coisas mais elementares, como a dosagem do hormônio tireoidiano que eu estava tomando no momento.

A partir daí, ela falou sozinha.

Levantou dúvidas acerca da necessidade real de eu ter feito a cirurgia para extirpar a glândula, implicou até com minha alimentação. Disse que se eu não mudasse radicalmente minha alimentação, o problema era meu e que cada um assume as conseqüências do que faz.

Saí de lá arrasada. Aniquilada.

O dia era 31 de março, dia do meu aniversário. Literalmente, não achei o caminho da rua, me perdi dentro da clínica, por três vezes abri a porta errada.

Quando finalmente achei o caminho da rua, eu precisava gritar. Entrei no carro e gritei, tão alto quanto minha voz permitia naquela época, pois a cirurgia ainda limitava meu timbre. Gritei, gritei, gritei.

E eu tinha aceitado o convite do meu marido de sairmos para jantar, quando eu voltasse da consulta, para comemorar os meus 40 anos.

O estrago estava feito. Não teve jantar, nem comemoração, só muito choro e desespero.

Fiquei três dias de cama, profundamente deprimida.

No dia seguinte, dra. Dolores me atendeu, a Angela me atendeu e eu fiquei muito mal ainda muitos dias.

Durante uns vinte dias não aceitei procurar médico nenhum, sofri muito, mas, na terapia, fui recobrando o equilíbrio. Finalmente decidi que não queria mais procurar a doutora sabe-tudo e que, mesmo que o diagnóstico fosse realmente aquele, se eu realmente ainda estivesse com câncer, não era com ela que eu queria me tratar.

Considerei sua abordagem muito cruel e prepotente, totalmente desprovida de sensibilidade, desumana e descabida.

Até hoje me pergunto de que vale todo o seu saber, para que serve ser uma autoridade numa especialidade médica, se o seu saber, se o seu conhecimento não é colocado a serviço do paciente que sofre, que se sente mal, que precisa ser compreendido em suas queixas.

A doutora sabe-tudo não sabe nada de amor, de solidariedade.

Mais do que oferecer ajuda, ela precisa ser ajudada.

A capacidade de nos amarmos juntamente com a de sermos amorosos e complacentes com o próximo, aceitando que a vida não dura para sempre, permite-nos melhorar nossa qualidade de vida.

Encontrando o equilíbrio no amor, continuei a tomar conta da minha vida, esforçando-me para reconquistar a saúde e a paz de espírito.

Não deixei essa tarefa por conta e risco dos médicos.

Não voltei a procurar a doutora sabe-tudo, por considerá-la limitada na prática daquilo que eu entendo por medicina.

Infelizmente, não podemos trocar de enfermidade, mas, graças a Deus, podemos trocar de médico.

Procurei outro especialista, contei-lhe todo o meu drama, deixei claro que não queria me queixar de ninguém nem faltar com a ética, por isso não citaria nomes, somente procedimentos, mas que eu precisava desesperadamente de respostas para algumas perguntas:

– Eu ainda tinha câncer?
– Precisava usar iodo radioativo?
– Por que eu me sentia tão mal?
– Como prosseguir o tratamento?

Foi uma longa e dura conversa, onde tudo foi perguntado de forma clara, sem rodeios.

E quase tudo foi respondido, pelo menos as perguntas mais pertinentes: – assegurou-me que eu não tinha mais câncer, que não precisava tomar iodo radioativo; os exames feitos até aquele momento eram confiáveis, o tratamento seguiria com acompanhamento e monitoramento dos exames.

Após os primeiros exames de rotina, a dose do hormônio foi diminuída de 175 mg para 150 mg.

Os meses foram passando, tudo normal para os médicos, exceto para mim que continuava não me sentindo bem, sem energia, dormindo em pé, com dificuldades de memória, numa desarmonia tão grande que me incapacitava para uma vida normal.

Fui consultar ainda vários "colegas", que não chegaram a conclusão alguma e insistiam que o problema era emocional.

Finalmente, vencida pelos discursos médicos, já sem forças para continuar resistindo, disse-lhes:

– Tudo bem, então o que tenho é emocional. Pois bem, então por favor tratem o meu emocional.

Durante meses fui tratada com antidepressivos, que somente me deixaram amordaçada. Nesse tempo, perdi poder de fogo para lutar, para discutir acerca de como eu me sentia.

Não modificou absolutamente nada o meu quadro de falta de energia.

Então, reunindo as forças que já eram escassas, parei com tudo.

Joguei todos os remédios que eu tomava na época no vaso sanitário.

Só não deixei de tomar, é obvio, o hormônio da tireóide, afinal, sou rebelde, mas não sou louca.

Sem tireóide ninguém vive, e, sem o hormônio, eu morreria.

Assim, a paciente chamada de rebelde, tinha se rebelado de fato.

O doutor trapalhão

Os dias passavam e eram cada vez mais difíceis.
A falta de energia, aquele mal-estar me deixavam desesperada.
A ausência de sinais externos que denunciassem minhas queixas me davam permanentemente uma sensação de vazio, de solidão, não encontrava apoio, sentia-me literalmente desamparada.
As pessoas ao meu redor agiam como se nada estivesse acontecendo, fazendo-se de desentendidas com o que se passava comigo.
E não tem nada pior do que a gente se sentir ignorado.
Eu bati de porta em porta, procurei tantos médicos, disse de forma tão clara como eu me sentia mal, implorei por ajuda, gritei o meu desespero e disse a todos que só queria me sentir bem e achava que isso não era pedir demais.
Esse processo foi tão longo, tão intenso, tão sofrido, me desgastou tanto que eu fiquei desesperançada.
Que luta inglória.
E, ao perder a esperança, ela deu lugar à revolta, à mágoa, ao abandono.
E como não sentir a frustração do ser e não ser, ou seja,

a consciência de que tudo aquilo me limitava, mas não me incapacitava.

Eu continuei trabalhando, não faltei nenhum dia, mas as pessoas não toleram que você esteja pela metade, não quando esse quadro dura um ano e meio.

Isso se refletiu também em minha vida pessoal, como mãe, como esposa, como dona de casa.

Meus filhos reclamavam que eu estava sempre cansada.

Quantas vezes precisei esperar que alguém pudesse me ajudar a subir as escadas para ir ao meu quarto.

Isso tudo durou um tempo longo demais.

Depois que joguei os remédios fora e me rebelei, fiquei três meses sem procurar médico nenhum.

Com o apoio da Angela, na terapia, recobrei um pouco da confiança, reacendi a chama da esperança e, então, fui consultar um médico, que indicou outro médico que, segundo ele, poderia me ajudar. Marquei uma consulta. Sua proposta me pareceu interessante.

Mas foi outra decepção.

Era um doutor Trapalhão, e sua postura seria cômica, se não fosse trágica.

Na primeira consulta, passou-me um tratamento de hidrossinesioterapia a ser feita na piscina da própria clínica.

Marquei os horários por dez dias e fui encaminhada ao setor de fisioterapia. No primeiro dia, nem vi a piscina, nem no segundo, nem no terceiro. Só fiz trabalho de alongamento e calor com ultra-som no pé.

No quarto dia, perguntei quando ia começar o trabalho na piscina.

Minha pergunta causou espanto, e eu insisti que o médico só havia me falado do trabalho na piscina.

Houve um burburinho, e, ao final daquela sessão, vieram as desculpas de que tinha havido um "engano", que eu passaria a ser atendida na piscina no dia seguinte.

Como a requisição fica na clínica, eu não identifiquei o erro de imediato, até por desconhecer como era a prática da tal hidrossinesioterapia.

Mas antes eu tivesse ficado na fisioterapia, mesmo por engano e sem precisar.

No dia seguinte, fui para a piscina.

Foi muito legal, relaxante, adorei.

É quase que uma hidroginástica só que individual, só você e a terapeuta. Mas, quando saí da piscina e fui para o vestiário, comecei a passar mal. Meu coração disparou e senti uma sensação de sufocamento, como se eu fosse parar de respirar. Entrei em pânico.

Vesti a roupa e saí dali correndo, achei que era porque a piscina fica no subsolo e quando chegasse na rua ia melhorar, mas isso não aconteceu. Fiquei pior, o pânico tomando conta de mim, e meu coração parecia que ia arrebentar.

Voltei para o trabalho e falei do quanto me sentia mal, pedi que me levassem ao pronto-socorro, mas todos riram e diziam que eu estava nervosa, impressionada e que logo ia melhorar.

Não melhorei. Naquela noite não dormi, pois não conseguia me deitar. Passei a noite sentada na cama, cochilando, sem coragem até de falar e de pedir ajuda.

Só no que eu conseguia pensar era que, se eu voltasse para aquele vestiário, eu ia morrer.

Assim, no dia seguinte, fui à clínica e pedi para falar com o médico, pois queria contar-lhe como me sentia.

Na verdade, eu já imaginava o que tinha acontecido.

Mas como eu já andava meio traumatizada com médico, achando que levava informações demais para eles, apenas relatei o que havia acontecido e deixei o diagnóstico por conta dele.

Sai de lá arrasada.

Depois de me ouvir, de forma precipitada e inconseqüente, ele disse que o que ocorrera era muito simples: que, por estar gorda, eu havia encontrado dificuldades de trabalhar com o meu corpo, porque não estava me aceitando.

Arregalei os olhos, de tanta incredulidade, e contestei.

Disse-lhe que não tenho qualquer dificuldade, que sempre cuidei muito bem do meu corpo, que antes da cirurgia caminhava 8 km por dia, o que com certeza não era para cuidar do meu espírito.

– Como o senhor explica a alteração nos batimentos cardíacos?

E o que ele me respondeu me deixou mais indignada ainda:

– É, com certeza, você deve ter fobia a água.

– Eu não tenho fobia a água, nunca tive. Já tive piscina em casa, tomo banho de mar sem qualquer dificuldade.

E já que não tinha outra saída, sugeri que a causa poderia ser, talvez, do ar-condicionado, pois saí da piscina quente e entrei no vestiário gelado.

– Sim, com certeza você deve ter a síndrome do ar-condicionado.

Eu quase morri ali mesmo, de decepção.

O que era isso, adivinhação?

Três diagnósticos absurdos.

Se eu continuasse discordando, ele ia continuar atirando pra todos os lados.

Eu disse: – Chega, doutor. Por favor, pára de falar bobagens. Eu nunca ouvi tantos disparates de um homem de

branco. Primeiro vocês me submetem ao tratamento errado e agora isso?
Duas lágrimas grossas rolaram pelo meu rosto.
Era assim que eu me sentia: abandonada, desesperançada.
– Será que estou ficando louca ou os loucos são vocês? Por que eu não tenho as minhas queixas mais elementares respondidas, doutor? Não lhe ocorreu, doutor, que eu tive um choque térmico? Tão simples, tão comum.
Aliás, uma irresponsabilidade da clínica, ter dois ambientes conjugados com temperaturas extremamente opostas.
A clínica me submeteu a um risco absolutamente desnecessário.
Mas, é tão simples colocar a culpa no paciente:
1) você tem dificuldade de lidar com seu corpo;
2) você tem fobia a água;
3) você tem síndrome de ar-condicionado.
– Doutor, eu não quero mais ser sua paciente, nossa relação de confiança ficou abalada, não fale mais nada. Só quero lhe pedir um favor: gostaria de me despedir da fisioterapeuta.
Ao que, ele disse: – Eu acompanho a senhora.
Ao chegarmos à piscina, a moça, muito solícita, veio atender e o médico disse-lhe: – Dona Glácia quer te falar. E ao dizer isso, piscou para ela.
Naquele momento, senti muita raiva e tive uma vontade imensa de empurrá-lo na piscina, mas rapidamente pensei que ele era tão trapalhão que era capaz de se afogar.
Saí de lá indignada, mais que isso, decepcionada.
Mais uma vez, eu estava sozinha.
Eu tinha alimentado tantas esperanças...
Isso não podia ter acontecido.
Não comigo. Não depois de tanta luta, de tanta busca.

O caminho do coração

Depois daqueles dois choques – o choque térmico e o choque pelos disparates ditos pelo doutor Trapalhão – o meu coração nunca mais foi o mesmo.

Até hoje tomo uma medicação para regular os batimentos.

Fui procurar o meu cardiologista, dr. Théo Buby, e relatei o ocorrido.

Confirmado o choque térmico, dr. Théo, que é um médico excepcional, dá atenção especial ao paciente, sobretudo valorizando as informações que o paciente traz, mostrou-se muito preocupado com minhas queixas, com o meu relato de falta de energia e com todos os outros sintomas que lhe descrevi.

E foi ele, o dr. Théo, o primeiro a atribuir todo o quadro a problemas com o hormônio da tireóide.

Foi ele o primeiro a me falar sobre as dificuldades de viver sem a glândula, as dificuldades de adaptação à dosagem hormonal.

Meu Deus, então havia um motivo, algo estava errado, a culpa não era minha, não era emocional, era real, físico, eu não estava louca.

Chorei de emoção.

Existia uma explicação: dr. Théo sabia do que eu estava falando, ele compreendia o que eu dizia.

Disse-me que a resposta possivelmente estava na dosagem do hormônio.

Mostrei-lhe todos os exames de dosagem hormonal, considerados normais.

Ele então pediu um novo exame. E o novo exame mostrou que aquela dose era muito alta para mim.

Naquele momento, eu apresentava um quadro de hipertireoidismo, o que estava agredindo o meu coração e, por isso, havia se instalado o quadro de arritmia, desencadeado pelo choque térmico.

Dr. Théo sugeriu que eu voltasse ao endocrinologista para que fosse reavaliada a dosagem hormonal.

Então havia uma saída. Será que minha luta havia terminado?

O meu coração sinalizou que havia algo errado.

Meu coração acabou por descobrir o caminho que me "levaria de volta", resgatando minha qualidade de vida.

Reencontrei a esperança

Depois da consulta com o dr. Théo, apesar de muito feliz com as novas perspectivas, fiquei muito preocupada e insegura sobre o que fazer com aquelas informações. Como dar continuidade ao processo?

Conversei muito com a Angela sobre tudo o que estava acontecendo, argumentei que não me sentia à vontade de voltar ao endocrinologista com essas novas informações. A mesma dosagem que o dr. Théo considerou alta para mim, naquele momento, o endocrinologista já havia me assegurado ser normal. Não quis arriscar mais uma situação desgastante, afinal, eu conhecia as suas posturas: para ele, o meu problema era emocional. Falei também que, há muito, eu estava tendo uma idéia recorrente, que vinha tomando forma mais e mais.

Estava com muita vontade de voltar a consultar com a dra. Márcia, já que ela havia dado o *start* inicial, o primeiro alerta.

A mim parecia que deveria voltar ao início, onde tudo começou.

Reconheço que o apoio da Angela foi decisivo. Ela disse-me:

— Acredita na tua intuição, já fizeste isto antes e fez toda a diferença.

Assim, marquei uma consulta com a dra. Márcia Netto de Campos da Silva.

Meus encontros com a dra. Márcia são por demais interessantes, como divisores de água, eles separam e marcam a minha vida em etapas.

Da última vez em que estive com ela, minha vida virou de cabeça para baixo, com a descoberta de um câncer na minha tireóide.

Depois, não sei por qual ironia do destino, tomo outro caminho e me perco.

Mas o meu anjo da guarda é persistente e não me abandona: levou-me de volta para a dra. Márcia. Isso marcaria o meu recomeço e, aos poucos, comecei a ter minha vida de volta, dentro das limitações que a nova realidade me permite.

A consulta foi um desabafo, contei o que me acontecia, relatei o que me incomodava, e, principalmente, como me sentia mal.

E a conversa foi produtiva, minhas queixas, as velhas queixas, tinham explicação.

Meu Deus, eu chorei, chorei de emoção.

Minhas queixas eram reais, tinha a ver com a retirada da tireóide e com a reposição hormonal.

Dra. Márcia me disse que havia seqüelas permanentes, mas que poderiam ser minimizadas. A falta de energia era uma delas, eu teria que aprender a usá-la.

Falou claramente sobre como as coisas seriam diferentes para mim, dali por diante. Que nada mais seria como antes, mas que minha qualidade de vida poderia ser melhorada, dependeria de como eu ia encarar a vida dali para a frente.

Chorei, quando ela me disse que eu não precisava mais "reagir", que, ao contrário, deveria respeitar o meu limite, e que, quando ficasse sem energia, a orientação era parar, para poder reabastecer, repor o que foi gasto.

Falou-me que isso seria limitante, mas não me impediria de ter uma vida normal. Tranqüilizou-me quanto ao fato de não conseguir fazer dieta naquele momento, não conseguir caminhar, porque seria exigir mais do que eu podia.

Em vez de antidepressivos, ela me receitou vitaminas. Eu mal podia acreditar: tudo explicado, tudo fundamentado. Não era emocional.

Quanta luta, quanto sofrimento, quanta angústia.

E a Dra. Márcia, com uma sensibilidade excepcional, me disse:

– Imagino como foi difícil pra você, Glácia, suportar toda essa provação, mas, mais do que tudo, imagino como é difícil convencer as pessoas que te cercam do quanto te sentes mal, uma vez que os sintomas não são visíveis e não são mensuráveis.

Ouvir isso foi demais para mim. Chorei.

Até isso ela conseguia compreender?

Pensei até que estava sonhando.

Então ela me disse:

– Na próxima consulta, quero que teu marido venha junto.

Levei um susto e disse-lhe que, se tivesse uma notícia ruim era pra mim mesma que deveria dizer, pois o Jânio não ia agüentar.

Ela sorriu e disse que só queria explicar a ele como na verdade eu me sentia mal, para que ele pudesse melhor compreender e aceitar.

Então eu lhe respondi que o único para quem ela não

precisava falar sobre isso era ele, já que tinha todo o seu apoio e compreensão, e acrescentei:

— Em compensação, o resto do mundo não vai caber no teu consultório.

Dra. Márcia solicitou uma bateria de exames que eu deveria fazer, para voltar em 15 dias.

Saí de lá feliz. Reencontrei a esperança.

"O paciente é um indivíduo e não uma doença"

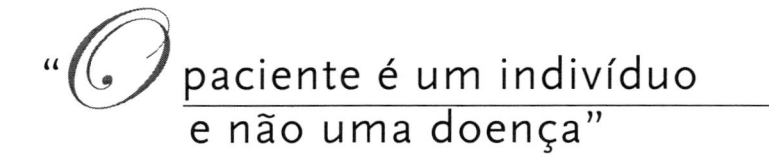

Retornei ao consultório da dra. Márcia com o resultado dos exames. Estava confirmado que a dosagem hormonal estava muito alta. Naquele momento, eu apresentava um quadro de hipertireoidismo medicamentoso que estava agredindo meu coração. Numa análise minuciosa, comparando os novos com todos os exames anteriores, trocando comigo cada informação, explicando o porquê de cada decisão, mesmo contrariando aquilo que aparentemente era seguro e normal com qualquer paciente, Dra. Márcia decidiu diminuir a dosagem do hormônio tireoidiano de 150 mcg diárias para 137,5 mcg. Mesmo levando em consideração todo o quadro, a dose usual parecia ser de 150 mcg, porém a minha reação mostrava ser necessária uma dosagem diferente. 150 mcg para mim era uma dose altíssima. O tempo mostrou que a Dra. Márcia estava corretíssima na sua decisão. Meu quadro geral melhorou e muito. Os cuidados com o meu coração continuam. Dr. Théo mantém a medicação para proteger meu coração contra os efeitos agressivos do hormônio.

Na verdade, não consigo passar sem o remédio e a arritmia é que me lembra dos horários de tomá-lo.

Depois disso, mais uma vez Dra. Márcia diminuiu a dose, e hoje eu tomo 112,5 mcg. Segundo ela, é uma dose pequena, incomum, mas que, apesar de desafiar o convencional, tem se mostrado a dose correta para mim.

Às vezes fico pensando na minha luta, nos desafios que enfrentei.

Vejo que eu tinha razão quando queria ser tratada como um indivíduo, com características e peculiaridades próprias.

Nem sempre nos encaixamos em tratados médicos e necessitamos ser vistos com uma visão elástica, não engessada.

A doença pode ser única, mas se desenvolve em indivíduos diferentes, o que implica reações e sintomas comprometidos com as características de cada um.

Vejo também que não é loucura, nem descabida, a intenção de exercemos um papel ativo, reunindo informações acerca do nosso quadro clínico e nos colocando como co-responsáveis pelo tratamento, pois isso nos possibilita desempenhar um papel determinante na recuperação de nossa saúde.

Na verdade, se devemos "ser tratados como indivíduos e não como uma doença", precisamos mesmo auxiliar o médico, oferecendo-lhe as informações acerca dos nossos sintomas, de como exatamente eles se manifestam em nós.

Não se trata, em absoluto, de questionar ou duvidar da competência do profissional, mas de exercer o direito que o paciente tem de ser tratado e respeitado em sua individualidade, pois entendemos que a informação, mais do que qualquer outra coisa, é a chave para a assistência médica centrada no paciente. Da mesma forma, o paciente passivo e alheio não está apto a tomar decisões acerca do seu tratamento e, provavelmente, jamais vai perceber possíveis erros profissionais, devendo assumir o ônus dessa postura.

Penso que uma das mais sérias barreiras que ainda enfrentamos é a da comunicação. Médicos e pacientes ainda não desempenham uma comunicação satisfatória.

Às vezes, o paciente traz ricas informações que podem auxiliar o diagnóstico, e o médico não está suficientemente preparado e disponível para recebê-las.

Outras vezes, é o paciente que não oferece ao médico as preciosas informações que podem fazer a diferença no seu tratamento e na recuperação da sua saúde.

É preciso resgatar urgentemente, na prática médica, a necessidade de uma comunicação clara, que, sem dúvida, pode melhorar, significativamente, a relação médico *versus* paciente.

Enquanto não podemos exigir da população um nível de comunicação elevado, podemos exigir que os médicos sejam mais bem preparados no que diz respeito à comunicação, tratando o paciente com mais sensibilidade e, sobretudo, com mais humanidade.

Quando o médico tem dificuldade de tratar seus pacientes com carinho, docilidade e compreensão, fatalmente está agregando barreiras que impedem ou prejudicam uma comunicação satisfatória.

Nesse sentido, penso que os médicos deveriam ser mais bem preparados para ser ouvintes mais atentos, percebendo nas "entrelinhas" a necessidade que o paciente tem de se sentir compreendido em suas queixas.

É claro que seria um erro, e estaríamos indo ao outro extremo, se defendêssemos que cabe ao paciente tomar todas as decisões acerca de seu tratamento.

Cabe ao profissional competente e habilidoso, de posse de todas as informações, auxiliado pelo paciente, tomar as decisões.

É conveniente lembrar, também, que ser um paciente ativo, que participa de seu processo, não é somente deter informações ou saber conversar com o seu médico. É adotar procedimentos, seguir as recomendações médicas, modificar padrões de comportamentos, mudar hábitos e atitudes, desde que eles comprometam a sua saúde.

A dor é real

Meus dias de luta, de briga, pelo direito de ser compreendida e de ser tratada como um indivíduo e não como uma doença, terminaram.
Foram dias difíceis, sofridos, solitários.
Fico imaginando o que teria sido de mim, se eu não fosse tão "teimosa", tão "rebelde", tão "persistente".
Sofro e choro por todos aqueles pacientes que, como eu, sentem-se incompreendidos em suas queixas, pelos que, além de lutar contra a doença e todo o sofrimento que a envolve, precisam ainda travar uma batalha pelo direito de serem aceitos e compreendidos.
Sofro, ainda mais, por aquele paciente que, passivo, nem se dá conta do que acontece a sua volta e, resignado, acha que "é assim mesmo".
Na verdade, eu venci uma batalha, mas a guerra continua.
Quando se passa por um diagnóstico de câncer, definitivamente se perde a segurança, e nunca mais a vida será a mesma, pois as marcas permanecerão para sempre.
Apesar do profundo crescimento, da maturidade alcançada pelo sofrimento, o medo será, daqui para sempre, um fiel companheiro.

A dor é real, presente, palpável, mensurável.

Nos últimos dois anos, não houve um dia sequer em que eu não precisasse lembrar ou viver intensamente o sofrimento, as limitações, as conseqüências de um diagnóstico como esse.

Porém os momentos mais difíceis são aqueles em que tenho de fazer os exames que procuram metástase.

O medo da recidiva, ou seja, do reaparecimento da doença, é como um fantasma que assombra a minha vida.

Cinco anos é o tempo limítrofe em que os riscos são maiores.

Quando penso no tempo – cinco anos – me assusto, porque é um tempo longo demais para se viver com medo.

Mas inevitavelmente me pergunto:

– E depois de passados os cinco anos, o medo vai acabar?

A resposta é não.

Os exames são periódicos, e, sempre que tenho de fazê-los, fico muito mal: choro muito, fico profundamente deprimida, fico arrasada.

É muito difícil.

Já fico deprimida um tempo antes e sempre depois de muito chorar é que encontro forças para ir fazer os exames.

Então começa a dor maior: a espera do resultado.

É terrível. É deprimente.

Não tenho coragem de abrir o envelope, então peço à dra. Dolores que o faça para mim.

Às vezes preciso pedir também que ela me acompanhe na hora de fazer os exames, pois há momentos que eu não dou conta sozinha.

Por ser tão difícil olhar para um futuro distante, aprendi a viver tão intensamente o presente.

O ontem eu já vivi, não posso mais modificá-lo.

O amanhã eu não sei como vai ser e não quero sofrer por antecipação.

Assim, hoje é o meu melhor momento, e procuro vivê-lo intensamente.

Quanto mais o tempo passa, mais difícil é fazer os exames, porque a cada situação dessa, a cada enfrentamento, voltam todas as lembranças, e as feridas ainda não cicatrizadas voltam a ser machucadas.

O último exame que eu fiz foi traumático, porque a Dra. Márcia resolveu antecipá-lo em alguns meses. Na verdade o seu papel é esse: procurar, procurar, investigar, me virar pelo avesso. A torcida é para que nunca se encontre nada.

Mas esse último foi sofrido demais. Eu acabara de me recuperar de uma cirurgia – esterectomia total – e estava tão cansada de hospital, de exames... e um mês depois começava tudo de novo.

Chorei, sofri, fiquei deprimida, fui ao fundo do poço.

Mas Deus não abandona um filho seu.

E, naquele momento tão difícil, fui convidada para dar uma palestra a um grupo de casais do Movimento de Irmãos da Paróquia Nossa Senhora de Fátima do Estreito. É um grupo muito querido, que abriga pessoas muito especiais.

Aceitei, para ser coerente com a postura de nunca recusar quando sou chamada para o trabalho na "messe do Senhor".

Não sabia bem o que dividir com eles, além de dor e sofrimento.

E o tema sobre o qual me foi solicitado falar foi *Fé e oração*.

Eu fui falar e esse encontro foi mais uma das experiências extraordinárias que tenho vivido, mais um dos "pequenos grandes milagres" que modificam o nosso viver.

E foi tão lindo, tão especial, porque, ao falar, EU DISSE TUDO O QUE EU PRECISAVA OUVIR.

Falei do amor do nosso Deus por seus filhos e de que podemos conversar com Ele através da oração; falei de gratidão, de contemplação, de fraternidade, da fé que alimenta nossa esperança; falei da amizade, verdadeiro tesouro, que mantém nossa força e nosso desejo de superação; falei de carinho, de sentir-se amado, apoiado.

Relembrei conceitos tão básicos, tão elementares, mas que, em meio à dor, eu tinha esquecido.

Às vezes, deixamos que o medo, o desespero e as preocupações turvem o milagre da vida e nos deixamos abater.

Mas Deus, que é Pai, está onde o deixamos entrar.

Reencontrei a fé, a esperança, minha alma se abriu por inteiro e o amor do meu Senhor operou maravilhas.

Nessa mesma semana, fui buscar o resultado dos últimos exames.

E estava escrito:

Conclusão: Ausência de metástase.

E eu chorei. Chorei de alegria.

E descobri que é uma delícia chorar de alegria.

E fiquei tão feliz... Não sabia como expressar tanta alegria. Tinha vontade de parar as pessoas na rua e dizer:

– O meu exame deu negativo para metástase.

E, sem saber como expressar tanta alegria, eu "mandei flores para mim mesma", afinal era preciso comemorar.

apoio emocional

Cedo ou tarde, precisamos vencer nossos medos. É preciso encará-los, nominá-los, externando nossas angústias.
É muito comum o paciente de câncer ou com qualquer enfermidade grave ser assaltado por problemas psicológicos, como depressão e ansiedade.
Sofri muito com isso.
Quando soube que o tumor era um câncer, vi-me às voltas com muitas perguntas e poucas respostas.
Inevitavelmente, surge a depressão, e o melhor jeito de contorná-las é com o apoio daqueles que nos cercam. Mais que isso, o amor e a dedicação dos amigos, aquele grupo de pessoas especiais que têm em comum a linguagem do afeto, do carinho, da disponibilidade.
E foi assim, cercada de pessoas especiais, que eu enfrentei o câncer.
Para mim, era uma experiência única, e penso que, para muitos dos meus amigos e familiares, também.
É muito difícil lidar com isso.
Penso que o aprendizado de cada um foi enriquecedor e todos estão agora mais sensíveis às necessidades dos pacientes especiais.

Minha leitura e precioso aprendizado é do ponto de vista do paciente.
Confesso que estar na condição de paciente é, por si só, doloroso demais.
Ter um câncer então, é devastador.
Sentir o apoio dos amigos, o carinho da família, ajuda a nos sentirmos menos solitários, ficamos menos assustados e encontramos mais coragem para enfrentar a doença.
Acredito que esse apoio nos dá a segurança de que precisamos para nos apresentarmos ativos, participativos e confiantes.
Existem pessoas que, por alguma razão, têm muita dificuldade de manter uma relação positiva com os pacientes de câncer e, por não saber o que fazer, acabam por se afastar daqueles a quem amam.
Eu diria que existem tantas e tão diferentes formas de ajudar...
A mais simples é se fazer presente e, sobretudo, mostrar-se solidário.
Não se afaste do paciente, não deixe de visitá-lo, de mandar flores, um cartão, um telefonema.
Ações concretas falam mais alto do que apenas se saber lembrado e diminuem sensivelmente o enfrentamento solitário da doença.
Nós precisamos, realmente, sentir-nos "cuidados".
Participe com o paciente dos seus medos, de suas angústias... Sobretudo, aprenda a ser um bom ouvinte e jamais desconsidere ou diminua suas queixas; não retruque suas colocações, não contemporize ou contra-argumente o seu relato de sofrimento.
No momento de dor, às vezes não visualizamos perspectivas. Elas virão com o passar dos dias.

Sobretudo, não ignore o sofrimento e nem faça de conta que você é tão forte que não se abate com a dor do paciente.

O apoio emocional é fundamental.

Um abraço e algumas lágrimas podem significar muito.

Eu, particularmente, não me sentia bem quando em meio a tanto sofrimento alguém se fazia de "forte" e tentava mostrar um otimismo e uma alegria "forçada".

Seja autêntico e expresse sua verdadeira emoção.

É confortante ver no outro o sofrimento dividido, partilhado.

Se você tiver vontade de chorar, não se reprima. A lágrima vai mostrar que você compreende a dor do paciente.

Não se preocupe com o que você vai dizer nesses momentos.

Freqüentemente, sua presença, seu carinho, seu abraço, sua lágrima dizem tudo.

Há momentos em que um gesto, uma presença, valem mais do que mil palavras.

Num daqueles dias difíceis, sofridos, ao chegar em casa, sem forças, sem energia, meu filho Vinícius me olhou e perguntou:

– A mãe está cansada, triste, deprimida ou a mãe está precisando de um colo?

É por momentos como esses que vale a pena lutar.

Eu respondi:

– Eu estou precisando de um colo, meu filho.

Ele, então, sentou-se na cabeceira da cama, esticou as pernas e disse: – Deita a tua cabeça aqui, que eu vou te dar um colo, mãe.

Quanta sensibilidade numa criança...

Sensibilidade que às vezes faz tanta falta nos adultos.

Dentre as muitas pessoas aqui nominadas, quero registrar o especial carinho do meu amigo José Fernando de Souza Fonseca, que, naqueles dias de tanta dor, eu aprendi a chamar de Zezinho (ele me revelou ser seu apelido de infância).

O Zezinho foi autêntico, puro, inteiro e chorou no dia em que lhe contei que o tumor era um câncer e se fez o melhor ouvinte que alguém pode ter.

Durante os tempos difíceis, depois da cirurgia, ele acompanhou e viveu comigo cada dor, cada enfrentamento, a espera de cada resultado.

Mais do que tudo, ele sempre tinha tempo para me ouvir. Não quando ele podia, mas quando eu precisava dele: para falar, queixar-me, pra chorar ou para dizer que eu estava com medo.

O Zezinho foi meu sócio na empresa durante oito anos.

Nos últimos dois anos me ajudou a carregar a cruz como um bom amigo.

Obrigada, amigo, pelas orações que fizeste ao Pai pedindo por mim.

Valeu pela força, Zezinho.

Para citar a Bíblia, em Provérbios, está escrito:

"Existem amigos que são mais do que um irmão."

Outra pessoa muito especial, a quem quero agradecer de maneira também especial é Clarmi, que esteve ao meu lado sempre, de forma inteira, autêntica.

Quando entro em pânico de madrugada e não consigo controlar o medo, e os "fantasmas" do câncer e da recidiva assaltam minha mente, é para ela que eu telefono; quando tenho um dia ruim ou a depressão se apossa do meu coração, é pra ela que eu ligo.

E ela está sempre lá, pronta, solícita e seu amor e seu

humor são sempre os mesmos: às 3 da tarde ou às 3 da manhã.

Eu digo.

– Mi, só preciso ouvir tua voz.

E sua voz suave me conforta, e suas palavras doces aquietam meu coração, e, como uma criança pequenina encontro paz e segurança no colo da mãe, eu recupero meu equilíbrio.

Naquele tempo tão longo de sofrimentos e buscas, sempre senti seu apoio, seu carinho, mas, sobretudo, sabia que ela compreendia as minhas queixas e nunca deixou de acreditar que eu encontraria o caminho.

Obrigada, amiga querida.

Eu não teria conseguido superar essa dor sem tua mão amiga segurando a minha, sem tua cumplicidade, sem teu carinho.

A seguir, faço, também, três agradecimentos especiais: à dra. Dolores, à psicoterapeuta Angela Schillings e à minha irmã Dulce Maria.

E não poderia deixar de agradecer a você leitor amigo, que, com bondade e paciência, mergulhou neste relato que não tem outra pretensão a não ser fazer uma releitura de um momento de dor e sofrimento, vivido a partir de um diagnóstico de câncer.

Temos de acender a nossa própria luz.

A partir deste relato, os conhecimentos, vivências, experiências, enfim, os frutos colhidos a partir deste meu momento, deixam de ser só meus. Vão agora servir para os outros.

"Sinto que não é o fim, mas o começo de algo novo."

Um abraço amigo!

Obrigada, Dolores!

O amor de Deus para com seus filhos é infinito, por isso não se cansa de nos presentear. Os sinais de Deus estão ao nosso redor, batem à nossa porta, enchem a nossa vida de bênçãos, cumulam nossos dias de alegria.

Sem dúvida, um dos grandes presentes que Deus me concedeu foi o de te colocar no meu caminho, Dolores.

Sempre que penso na amizade que nos une, torna-se imperativo que eu agradeça.

Já te disse obrigada muitas vezes e de tantas formas, mas quero dizer de novo e mais e mais.

Esse sentimento de gratidão é tão forte, tão intenso, tão puro, tão verdadeiro.

Meu agradecimento maior é a Deus, que te colocou em minha vida, que te cumulou com tantos dons, que te deu um coração tão piedoso, tão amoroso, que te fez tão generosa, tão especial.

É tão doce saber que tu és minha amiga, que tu me amas do mesmo jeito que eu te amo, que tens por mim o mesmo carinho que tenho por ti, que posso contar contigo do mesmo jeito que podes contar comigo.

Tenho por ti, respeito e admiração, pela mulher, pelo ser humano, pela profissional médica, pela amiga querida.

Dolores, sei que és capaz de aceitar a tarefa que todos recusam, és capaz de rezar quando é tão difícil até mesmo crer, mantendo tua fé inabalável, suportando tuas próprias dores, decepções, sem te abater.

Sei que, a cada dia, empenhas teus talentos, teu conhecimento, teus dons e tua capacidade de te importar com teu próximo, especialmente aquele que sofre, semeando amor sem pensar na colheita.

Sei que, a cada dia, tens de ser infalível, apesar das limitações, tens de cuidar do paciente, apesar da exaustão, tens de andar para a frente, sem existirem caminhos, tens de resolver problemas, sem haver soluções. Devolves a saúde ao enfermo, a alegria ao triste, a esperança àquele que não acredita no amanhã.

Sei que és grandeza e abnegação, te doas por inteiro a quem precisa de ti e não te importas se é dia ou se é noite, se o sol está nascendo ou se pondo no horizonte.

És uma heroína, enfrentando horas a fio, dia após dia, a severidade confessional do consultório e, ainda, os rigores dos plantões, com seu cansaço e suas surpresas.

É por ser tanto e por tudo que preciso agradecer.

Obrigada, Dolores, por ser assim tão especial, por ser minha amiga.

Obrigada por estar tão presente nesse momento tão difícil da minha vida.

Obrigada por compreender minha dor.

Obrigada por me dizer de forma tão doce que eu precisava fazer biópsia.

Obrigada por "segurar no meu pé" durante a coleta do material para a biópsia. Tua presença e o teu carinho fizeram a diferença.

Obrigada por atender meus telefonemas com tanto carinho, quando eu não tinha nada pra dizer, mas precisava desesperadamente ouvir tua voz para me tranqüilizar naqueles dias sofridos que antecederam a cirurgia.

Obrigado por ter me levado a Nova Trento.

Obrigada por tentar me esconder o diagnóstico do câncer. Isso me possibilitou um outro jeito de fazer contato com aquela dor, obrigando-me a reagir de uma forma diferente, mais saudável.

Obrigada, por me ligar só pra saber como eu estava.

Obrigada, por ficar no hospital comigo antes da cirurgia.

Obrigada, por me acompanhar até a sala de cirurgia, caminhando ao lado da maca e segurando minha mão.

Obrigada, por assistir à cirurgia.

Obrigada, por ficar comigo, o tempo todo, na sala de recuperação.

Obrigada, por estar comigo naquela madrugada, quando eu acordei. Como foi bom rever teu rosto querido em meio àquela sonolência, tua mão segurando a minha, tentando me trazer de volta daquele torpor da anestesia.

Obrigada, por todas as orações que você fez pedindo por mim.

Obrigada, por sentar à mesa e partilhar comigo tantas xícaras de café (o café que você prepara é uma delícia).

Obrigada, por tuas mãos sempre estendidas na minha direção; mãos fortes, que seguram e conduzem. Mãos amigas, mãos amorosas, mãos que curam e suavizam as dores da vida. Mãos erguidas em oração, as prediletas do senhor.

Obrigada, por me ajudar a redescobrir a maravilhosa emoção de ir à missa aos domingos de manhã. (A cada manhã de domingo resgato essa emoção da minha infância.)

Enfim, obrigada, Dolores, por sertão especial: essa amiga querida, essa médica tão competente, tão disponível, tão sensível; esse ser humano tão iluminado que espalha tanta luz ao seu redor.

Sinto-me verdadeiramente presenteada com tua amizade.

Tua luz ilumina meu caminho, teu carinho aquece meu coração.

Eu te devo a vida Dolores.

Obrigada!

Sinta as tuas mãos beijadas, em sinal de eterna gratidão, ao tempo que peço tua bênção para continuar o meu caminho.

Obrigada, Angela!

Conheci a psicóloga Angela, por indicação da Dra. Maristela Francener, com quem eu fazia um tratamento clínico antroposófico.

Conhecê-la e iniciar um acompanhamento psicoterapêutico, foi, sem dúvida, um dos instantes mágicos da minha vida. Aquele instante, aquele exato momento, em que se muda o curso da história.

Por isso mesmo, é mágico.

Estabelecer com a Angela uma relação terapêutica fez toda a diferença na minha vida.

São cinco anos, duzentas e cinqüenta semanas em que nos encontramos.

Sei que não estou pronta, nunca estarei. Mas, com certeza, muito mais preparada para os reveses da vida, como o bambu, que pode até dobrar mas não precisa quebrar.

A nossa relação terapêutica é muito especial.

É tão bom estar contigo, Angela!

De uma semana para outra, sinto saudade.

Saudade do cheiro maravilhoso de essência da tua sala, do teu abraço, do teu sorriso, do teu olhar tão intenso, profundo, da tua memória prodigiosa que me exige coerência, da poltrona da tua sala, que, muitas vezes, faz o papel de colo, aconchegante como um abraço.

São quase dois mil dias navegando e tendo você como bússola, como norte, corrigindo o percurso, redesenhando a rota.

Nesses últimos cinco anos, no meu peito bate um coração inquieto e louco por entender as coisas que tu dizes.

É muito bom estar contigo, Angela.

Tua figura sempre tão presente, tão "inteira", tão intensa, tão querida, dá-me a certeza de nunca estar só.

Por maior que seja a tempestade, mesmo num copo d'água, sempre pronta a Angela está para desmistificar, apaziguar, orientar, desenrolar, dissolver, desatar os "nós". Sempre pronta, como um "porto seguro", onde se reabastece a alma e corrige a rota.

Mas, como bom comandante, sempre tens como meta preparar o marujo para navegar sozinho.

E, como "bom marujo", já me aventuro numas voltas sozinha, mas sem nunca perder de vista o "comandante", que levo sempre no coração.

É muito bom "navegar" contigo, Angela!

Obrigada, pela companhia!

Obrigada, por aceitar "navegar" comigo.

Enfrentamos juntas calmarias e tempestades, mar de almirante e céu de brigadeiro e, por isso, é tão bom.

Obrigada!

Obrigada, pelo carinho e pelo respeito.

Obrigada, por teus talentos, conhecimentos e, sobretudo, pela capacidade de te importar.

Obrigada, pelas palavras sempre oportunas que me ajudaram, consolaram.

Obrigada, por tua presença sempre tão querida e amável.

Obrigada, por vibrar com a vitória e respeitar a lágrima.
Obrigada, por tuas mãos sempre estendidas, como suporte e condução.
Obrigada, por teus braços sempre prontos para o abraço.
Obrigada, por teus olhos que olharam firmes para os meus olhos.
Obrigada, por me dizer coisas que eram difíceis de ser ouvidas, mas, com certeza, difíceis também de ser ditas.
Obrigada, por não julgar, só compreender.
Obrigada, por segurar minha mão durante uma sessão inteira, quando te contei que estava com câncer.
Obrigada, por ir ao hospital, antes da cirurgia, segurar minha mão e deixar eu dizer que estava com muito medo.
Obrigada, por ficar comigo depois da cirurgia, enquanto eu estava sonolenta da anestesia. Foi bom te ver e sentir entre um cochilo e outro. Isso me deu paz e segurança.
Obrigada, por ter me atendido em casa depois da cirurgia.
Obrigada, por me ouvir sempre, sem perder nem mesmo uma só palavra.
Obrigada, por dividir comigo os teus livros, adoro ler.
Obrigada, especialmente, por me ter aceitado como cliente.
Obrigada, por abrir espaço na tua agenda sempre que eu precisei de um encontro extra.
Obrigada, por me ajudar a "descer do Monte Olimpo". É mais fácil viver aqui embaixo entre os mortais.
Obrigada, por não me encaminhar para um "colega".
Obrigada, por não ter desistido de mim.
É tão bom contar contigo!
Com trabalho, paciência e competência, você ajudou a reestruturar a minha vida.
Contigo, Angela, aprendi tantas coisas: aprendi a rir,

aprendi a chorar, a pedir ajuda, a me deixar ajudar; aprendi a ver e a respeitar meus limites.

Contigo aprendi que coisas pequenas fazem a vida tão bela.

Em teu rosto, sempre tão sereno, em teus olhos profundos, em teu coração tão grande, eu vejo a certeza de que é bom viver, de que tudo vale a pena.

Você está sempre disponível, sempre tem um sorriso que alenta, um olhar que acolhe e compreende, uma palavra que anima, um aplauso que incentiva.

É tão bom, Angela, conversar contigo, passar a limpo o "rascunho" da semana, trocar idéias, mas, principalmente, "pensar alto", ou, simplesmente, dividir o fardo da vida, sem cobrança nem julgamento.

Angela, é tão bom contar contigo.

Por isso, quero ficar, quero continuar a caminhar contigo, sempre.

Não quero que entre nós existam despedidas.

Será para sempre a minha psicoterapeuta e, para sempre, eu serei tua cliente.

Em nossa relação, não há lugar para despedidas.

Quero que teus olhos registrem minha alegria, por termos compartilhado emoções tão fortes, sofrimentos tão intensos e superações tão extraordinárias.

Sinta tuas mãos beijadas, como sinal de gratidão.

No teu rosto, deixo um beijo e uma carícia e, no teu coração, meu afeto.

Obrigada, Dulce!

A vida nos fez amigas, mas, antes disso, o céu nos fez irmãs.

Meu pensamento voa para o passado, mistura-se com o presente e me projeta para o futuro, que, devo confessar, não me assusta, porque sei que posso contar contigo.

Aliás, contar contigo me habilita para enfrentar qualquer parada.

Você é muito especial. Você tem uma capacidade de doação excepcional, tão pronta, tão solícita, tão intensamente presente.

Quero viver o tempo suficiente para poder retribuir a tua generosidade.

Aliás, na verdade tenho tanto para agradecer.... desde sempre.... só tenho a agradecer, por tudo.

Que bom que você existe.

Que bom que sou tua irmã.

Eu preciso dizer tantos "obrigadas".

Obrigada, por ser assim, tão passional, por viver tão intensamente tuas emoções.

Obrigada, por me amar tanto!

Obrigada, por ter chorado por mim, quando te falei que o tumor era um câncer. Isso me fez sentir muito amada.

Obrigada, por telefonar para a Dolores e perguntar detalhes da cirurgia que eu "não queria saber". Isso me mostrou que alguém se importava.

Obrigada, por ficar comigo no hospital.

Obrigada, por estar ao meu lado quando eu abri os olhos. Tua presença foi luz, e teu sorriso foi bússola.

Obrigada, por segurar minha mão.

Obrigada, por sentir comigo todas as dores. O teu rosto era como um espelho que expressava a dor que era minha, mas que teu amor dividia comigo.

Obrigada, por dar um duro com as enfermeiras, para que elas cuidassem bem de mim.

Obrigada, por cuidar de tudo e de todos por mim. Isso me permitiu sair de cena e mostrar fragilidade.

Obrigada, por me alimentar de colherinha e canudinho.

Obrigada, por participar da imensa emoção do primeiro banho pós-cirurgia – emoção que nunca vou esquecer.

Obrigada, por tudo e para sempre. Mas acima de tudo, obrigada, por me tratar como menina que precisava de carinho e não como mulher que precisava de ajuda.

Como já dizia Kalil Gibran, "O amigo existe para preencher tuas necessidades e não o teu vazio. Na doçura da amizade, deixa que risos e alegrias sejam partilhadas, porque é no orvalho das coisas pequeninas que o coração encontra seu amanhecer e se renova."

Eu te amo, Dulce Maria! Eu te amo, porque sei que nunca esperas demais de mim. Ficas feliz com o meu sucesso, mas um fracasso, para ti, não tem a mínima importância. Tu me dás toda a ajuda que podes, mas mais importante do que tudo, simplesmente estás presente.

Assim são as irmãs amigas.

Irmãs amigas tiram licença do seu trabalho e se "internam" contigo no hospital.

Irmãs amigas choram contigo, quando você não está bem.

Irmãs amigas não gostam das mesmas enfermeiras de que não gostas, porque não acharam a veia e acabaram causando uma dor extra.

Irmãs amigas são as melhores acompanhantes no hospital.

Irmãs amigas alimentam teus gatos, quando não estás em casa.

Irmãs amigas telefonam várias vezes ao dia, para saber se estás bem.

Irmãs amigas perdem tempo procurando CD's antigos do Roberto Carlos que, de repente, ficamos com vontade de ouvir no hospital.

Irmãs amigas atravessam a cidade a pé, para buscar o sorvete que temos tanta vontade de tomar, mas que tem de ser de creme e da Kibon.

Irmãs amigas param para ouvir suas conversas insossas, relatos "mornos" do ponto de vista das quatro paredes de um quarto.

Irmãs amigas preparam o teu jantar todas as noites, durante a convalescência, lavam a louça que ficou na pia, ajeitam os teus travesseiros e vão embora.

Irmãs amigas fazem muita falta quando não vêem nos ver.

A Dulce é minha amiga irmã.

Se eu pudesse, Dulce, encheria uma cesta bem grande de estrelas para te presentear. Escolheria com carinho as mais brilhantes e as que estivessem mais perto de Deus.

Como não posso te dar ainda esta cesta de estrelas, quero registrar minha eterna gratidão, pedindo ao bom Deus de nossa fé que te cumule de bênçãos e te proteja em todos os dias da tua vida. Que Ele ilumine o teu caminho e continue dando ao teu olhar esse brilho sem igual, que te faz ser luz do meu caminho.

Que a bondade, o amor e a disponibilidade que você traz em teu coração possam nos contagiar, porque são poucos os que têm o Dom de servir e mais raros ainda os que têm coragem de amar até o fim.

Que nunca te falte a fé e a esperança na força transformadora do amor.

Obrigada, por tudo e para sempre, minha querida irmã, companheira insubstituível nessa jornada de alegrias e tristezas, luzes e trevas, triunfos e derrotas.

Obrigada, por ser assim tão especial.

Obrigada, por ser minha "irmã amiga", por me ajudar a ser mais e melhor, por me ensinar tanto sobre amor e doação.

Peço a tua bênção, agradeço por teu amor, orgulho-me da tua amizade, sou carente dos teus cuidados, necessito da tua proteção.

Sem teu amor, eu não teria conseguido.

Com amor e gratidão.

A autora

Vejo-me criança descobrindo Deus nas preces de minha mãe, junto ao verde das montanhas e aos pés da Igreja de São Pedro de Alcântara.

Acompanho meu pai e meus irmãos e o mundo se estende no vale, nas trilhas abertas, na busca do mundo compartilhado.

Ergo o olhar e encontro o Jânio ao meu lado, dirigindo-me aquele sorriso que se faria força e presença nos tantos momentos que nos esperavam. A seu lado vão surgindo Milena, Emanuel, Vinícius.

Acompanho, ao mesmo tempo, a adolescente impetuosa, seus riscos, seus medos. O mundo me fascina e me espanta: cavalo a ser domado, trilha a ser desvendada. Tantas descobertas, quantas conquistas: o colégio, a fé que se reforça nas dobras da vida que se revela.

A sala de aula, trabalho de tantos anos; as palestras; a minha escola. Experiências que se somam e se interpenetram.

O medo, a busca, o desejo de vencer, o encontro.

Livros publicados pela Editora Gaia

A cura pelas palavras
Dr. Robert McNeilly e Jenny Brown

Ansiedade: Técnicas de auto-ajuda para superar a angústia e o estresse
Ramiro A. Calle

Autocura I: Proposta de um mestre tibetano
Lama Gangchen Rimpoche

Autocura Tântrica II: Autocura tântrica do corpo e da mente, um método para transformarmos este mundo em Shambala
Lama Gangchen Rimpoche

Autocura Tântrica III: Guia para o supermercado dos bons pensamentos
Lama Gangchen Rimpoche

Desafiando a medicina: os desbravadores que derrubaram os dogmas da saúde
Hugh Riordan

Energia Vital: o poder de cura que existe em você
Ann Wigmore

É tempo de mudança: manual de programação neurolingüística
Dra. Clô Guilhermino

Guia espiritual para o novo milênio
Aaron John Beth'el

O caminho da paz interior
Dr. Ian Gawler

Reflexões sobre a arte de viver
Joseph Campbell

Impresso nas oficinas da
Gráfica Palas Athena